WERNER HAAS

Sein Spiel war Poesie

WERNER HAAS

Sein Spiel war Poesie

Leben und Wirken
des
Stuttgarter Meisterpianisten

———————————————

Johannes B. Sautter

Bibliografische Information der Deutschen Nationalbibliothek
Die Deutsche Nationalbibliothek verzeichnet diese Publikation
in der Deutschen Nationalbibliografie; detaillierte bibliografische
Daten sind im Internet über http://dnb.d-nb.de abrufbar.

© 2011 Johannes B. Sautter

Umschlagdesign, Satz, Herstellung und Verlag:
Books on Demand GmbH, Norderstedt

ISBN 978-3-8423-2208-0

Inhaltsverzeichnis

TEIL I

Caen, Nordfrankreich, am 09. Oktober 1976

*B*ravorufe und rhythmisches Händeklatschen der begeisterten Zuhörer im Konzerthaus forderten am Ende des Klavierabends weitere Zugaben vom Pianisten, der sich leise lächelnd und mit freundlicher Geste vom stehend applaudierenden Publikum verabschiedete.

Der letzten Zugabe, der Chopin Etüde op 25 Nr. 12 in c-moll, konnte und sollte keine weitere folgen! Wie eine Offenbarung aus höheren Welten erschien ihm selbst die soeben verklungene Interpretation dieser Etüde, mit der er als Zugabe schon so oft die Besucher seiner Klavierabende verzaubert hatte. „So und nicht anders muss sie gespielt werden! Ich glaube, das ist mir heute am besten gelungen" sagte er danach zu einer Freundin aus Bern, die unter den Zuhörern dieses denkwürdigen und letzten Klavierabends war, des letzten seines Lebens.

Eine Zeitlang noch ließ er die geliebte Chopinkomposition innerlich nachklingen, während der lange anhaltende Beifall seiner Zuhörer langsam verhallte. Auch an diesem Tag ist Werner Haas seiner Maxime treu geblieben, mit seiner nahezu unvergleichlichen Anschlagstechnik die zu Gehör gebrachten Werke so zu spielen, dass das Klavier gleichsam zum „singenden Instrument" wurde. Dazu schrieb im Jahr 1995 der amerikanische Musikrezensent James Harvey in der in St. Louis erschienenen Zeitschrift „Classic Tracks" über Haas' Einspielungen bei Philips: „Die Klaviertechnik des deutschen Pianisten Werner Haas ist fraglos eine der herausragendsten des 20. Jahrhunderts". Er spielte jedoch nie auf dem amerikanischen Kontinent. Erst für das Jahr 1977 – ein Jahr nach seinem tragischen Unfalltod – wurde ihm eine Kanada-Tournee in Aussicht gestellt.

30 Jahre später hört man in Konzertsälen leider nur noch selten Interpreten, die die Zuhörer die Schönheit und die Ausdruckskraft klassischer

Johann Sebastian Bach 1685–1750	**Italienisches Konzert** (1735) — Andante Presto
Felix Mendelssohn-Bartholdy 1809–1847	**17 Variations sérieuses opus 54** (1841)
Ludwig van Beethoven 1770–1827	**Sonate f-moll op. 57 (Appassionata)** (1804/05) Allegro assai Andante con moto Allegro ma non troppo

Pause

Claude Debussy 1862–1918	**D'un cahier d'esquisses** (1903) **Masques** (1904) **L'isle joyeuse** (1904)
Robert Schumann 1810–1856	**Carnaval op. 9** (1834/35) Préambule – Pierrot – Arlequin Valse noble – Eusebius – Florestan Coquette – Réplique – Papillons A.S.C.H. – S.C.H.A. Lettres dansantes Chiarina – Chopin – Estrella Reconnaissance – Pantalon et Colombine Valse allemande, Paganini – Aveu Promenade – Pause – Marche des „Davids- bündler" contre les Philistins

Programm des letzten Klavierabends
am 13. März 1973 in der Stuttgarter Liederhalle

Klavierkompositionen uneingeschränkt erleben lassen. Vom russischen Pianisten Grigorij Sokolov oder vom Polen Krystian Zimerman fordert aus eben diesem Grund das hervorragend geschulte Stuttgarter Publikum der Klavierabendserien oft bis zu sechs Zugaben, um diesen seltenen Genuss auszukosten. Beide Künstler besitzen aber auch eine fulminante Technik wie wenig andere und könnten ohne Zweifel schnelle Passagen noch schneller spielen, wenn es darauf ankäme, Geschwindigkeitsrekorde im Klavierspiel zu brechen. Danach fragen aber weder Zuhörer mit hohen Ansprüchen noch wirklich gute Rezensenten wie zum Beispiel diejenigen der Stuttgarter Tageszeitungen.

Werner-Haas-Klavierabende begannen fast immer mit Werken von Bach, Mozart oder Beethoven und wurden nach der Pause mit Chopin, Ravel, Debussy, Gershwin oder mit Werken russischer Komponisten (Prokofieff, Kabalevski, Scrjabin, Katschaturijan u.a.) fortgesetzt. Mit Liebe und Hingabe versenkte er sich in den geistigen Hintergrund, der die jeweiligen Komponisten beim Schaffen ihrer Werke wohl geleitet hatte und war so in der Lage, den Duktus der Werke und ihre individuelle Aussage in voller Schönheit erblühen zu lassen.

Auf die Frage nach seinen Lieblingskomponisten während einer ZDF-Reportage antwortete er: „Ich glaube, dass mir vieles liegt! So habe ich lange gezögert, in meine Toccaten-Platte mit 15 Komponisten aus drei Jahrhunderten die große Schumann-Toccata aufzunehmen. Schließlich gibt es ja bereits die phänomenale Aufnahme dieses Werkes von Sjatoslav Richter, sie ist das non plus ultra aller Einspielungen". Es ist äußerst bedauerlich, dass Philips die Toccatenaufnahme von Werner Haas nicht mehr anbietet. Diejenigen aber, die sie besitzen, werden selbst feststellen, dass sich auch die Schumann-Toccata mit der Aufnahme von Sjatoslav Richter messen kann.

Doch zurück zu seiner letzten Konzertreise von 04. bis 11.Oktober 1976, die in Göteborg begann und mit jenem unvergesslichen Konzert in Caen endete. Für die Rückreise nach Stuttgart am 11. Oktober war bereits ein Flug gebucht. In den Stunden vor der Heimreise, die er dann doch auf

15 Toccaten
Philips Nr. 6504 077
1 LP · DM 25,–
Kerll, A. Scarlatti,
B. Scarlatti, Bach,
Paradisi, Schumann,
Alkan, Czerny, Saint-
Seans, Debussy, Ravel,
Prokofieff, Poulenc,
Katschaturian, Sancan.

Schallplatte mit 15 Toccaten aus drei Jahrhunderten.

Wunsch der Freundin aus Bern in deren Auto antrat und den Rückflug stornierte, traf sich der Pianist noch einmal mit Igor B. Maslowski, dem künstlerischen Direktor der Philips Paris. Weitere Plattenaufnahmen waren vorgesehen, und die Aufzeichnungstermine mussten abgestimmt werden.

Igor B. Maslowski hat Werner Haas sozusagen „entdeckt", als er das „Concert des Jeunes" besuchte, das im Jahr 1958 in einem kleineren Saal des bekannten Pariser Konzerthauses Salle Pleyel stattfand. Die jungen Musiker – darunter waren Sänger, Geiger und Pianisten – zahlten einen Beitrag von 500,- DM, um dort vor einem ausgewählten Publikum auftreten zu können.

Als einer dieser Nachwuchskünstler spielte Werner Haas Werke von Claude Debussy. Maslowski jedoch war auf der Suche nach einem deutschen Pianisten, der den zweiten Part bei einem Bach-Doppelkonzert spielen sollte.

Mit GD Klopfenstein u. Igor B. Maslowski
bei der Verleihung des Grand Pix du Disque

Dass Werner Haas gewissermaßen „in der Höhle des Löwen" Werke von Debussy spielte, überraschte Maslowski. „Er ist entweder verrückt – oder ein Genie", meinte er später dazu. Nach diesem Auftritt ging Maslowski schnurstracks in das Künstlerzimmer und übergab Haas seine Karte mit der Bitte, ihn tags darauf in seinem Büro bei Philips zu besuchen. Dort eröffnete er ihm sein festes Vorhaben, einen Schallplattenvertrag mit ihm abzu-

Igor B. Maslowski

schließen. „Ich lasse Sie nicht mehr gehen, ehe Sie mir nicht Ihre Zusage gegeben haben", drohte ihm Maslowski und blieb dann von Stund an freundschaftlich mit Werner Haas verbunden. Dieser Begegnung verdanken Musikfreunde aus aller Welt eine umfassende Diskographie mit Werken von Chopin, Ravel, Debussy, Beethoven, Tchaikovsky, Rachmaninoff, Mendelssohn, Brahms, Gershwin sowie die selten gespielten Toccaten von Caspar Kerll, Alessandro und Domenico Scarlatti, J.S. Bach, Pietro Domenico Paradisi, Robert Schumann, Charles-Henry Alkan, Carl Czerny, Camille Saint-Saens, Francis Poulenc, Aram Katschaturijan und Pierre Sancan. Über die weltweite Resonanz auf diese Einspielungen wird später in diesem Buch zu lesen sein.

Am Morgen jenes 11. Oktober 1976 legte Maslowski seinem Pianistenfreund nahe, seinen Wohnsitz von Stuttgart nach Paris zu verlegen: „Deine künstlerische Heimat ist doch diese Stadt, ist Frankreich! Dieses Land liegt Dir jetzt schon zu Füssen! Durch den französischen Rundfunk und durch das Fernsehen kennt Dich hier jeder musisch interessierte Mensch und sieht in dir nicht nur den legitimen Nachfolger von Walter Gieseking, sondern auch einen der bedeutendsten Pianisten dieses Jahrhunderts"!

Hier ist einzufügen, dass Werner Haas in den Jahren 1954 bis zum Tod des Saarbrücker Professors 1957 einer von zehn Meisterschülern Giesekings war, die ihm ihre erarbeiteten Werke vorspielten.

Unterrichtsstunde bei Prof. Gieseking

Giesekings Domäne waren die französischen Impressionisten Ravel und Debussy. Somit kamen fast ausschließlich deren Werke zum Vorspiel. Als

Klasse Gieseking, ganz links Werner Haas

die Pariser Presse ihn nach einem Klavierabend interviewte und nach dem Lehrer-Schüler–Verhältnis fragte, antwortete Haas: „So einfach ist das nicht! Debussy habe ich schon mit 16 Jahren zu spielen begonnen und mich seither immer besonders für diese Kompositionen interessiert. Gieseking und seinen insgesamt ca. 40 Kursteilnehmern habe ich dann meine fertig ausgearbeiteten Werke vorgespielt, und ich darf sagen, dass er nie etwas Grundsätzliches daran zu bemängeln hatte".

Wohlbegründet war also Maslowskis Vorschlag, die große Karriere von Paris aus zu starten. „Denk doch an Mozart, lieber Werner! Sein oder vielmehr seines Vaters Entschluss, mit dem Wunderkind längere Zeit im Ausland zu verbringen und es in Städten wie London und Paris auftreten zu lassen, hat den jungen Amadeus in kurzer Zeit weltberühmt gemacht"!

„Igor, du verstehst mich nicht", antwortete ihm Haas daraufhin. „Unerträglich wäre mir die Vorstellung, wöchentlich zwei oder gar drei Konzerte spielen zu müssen und so von tüchtigen Agenten durch die Konzertsäle der Welt gejagt zu werden. Wie soll es mir dann noch möglich sein, mich intensiv auf einen Klavierabend vorzubereiten, vor allem auch immer andere Werke zu spielen und mich mit allen in gleicher Weise auseinander zu setzen? Die Konzertreisen nach Holland vom 01. bis 06. Januar 1975 mit vier Klavierabenden, kurz darauf nach Teheran vom 29. bis 31. im gleichen Monat und schließlich nach England vom 26. Februar bis 07. März 1975 mit drei Abenden gaben mir einen Vorgeschmack, was mir dann bevorstünde"! Darauf Maslowski: „Aber Werner, wie sollen wir als deine Plattenproduzenten deine jetzt doch recht umfangreichen Einspielungen mit Werken von Chopin, Debussy, Ravel, Beethoven, Brahms, Mendelssohn, Tchaikovsky, Gershwin, Rachmaninoff, ganz zu schweigen von der letzten Aufnahme mit 15 Toccaten der Komponisten aus drei Jahrhunderten unter die Leute bringen, wenn du dich in deine Stuttgarter Klause zurückziehst und dich selbst dort, in deiner Heimatstadt, maximal nur alle 4 Jahre bei einem dann allerdings Aufsehen erregenden Klavierabend zeigst? Die weltweite Resonanz auf deine Einspielungen war doch stets sensationell: Deine 24 Chopin-Etüden wurden am 07. Februar 1960 als „pianistische Sensation" beschrieben, die New Yorker „Highfidelity" schrieb im Januar des gleichen Jahres über die 14 eingespielten Chopin-

Walzer: Bei dieser Wiedergabe folgt ein Höhepunkt dem anderen; dies ist die erregendste Auflage der Walzer seit Dinu Lipatti! Dass dir 1961 schließlich der Grand Prix du Disque für die Gesamteinspielung der Debussy-Klavierwerke und der Edison-Preis für alle Ravel-Werke im Jahre 1970 verliehen wurde, bestärkt mich in meiner Bemühung, dir zu dem dir gebührenden Platz in der vordersten Reihe der Pianisten dieses Jahrhunderts zu verhelfen. Jacqueline Thuilleux, deren Rezensionen von allen in Paris auftretenden Musikern sehr ernst genommen werden, wird mich dabei sicher unterstützen.

Erinnere Dich an Ihre Kritik im „Le Figaro" nach Deinem Klavierabend im Salle Champs Elyssee am 08. Dezember 1974, in der sie auf die Flut von Pianisten zu sprechen kam, die täglich die Pariser Konzertsäle überschwemmten, Wenn sie dann weiter schreibt, dass sie davon wenige kennt, die deine brillante Technik und lächelnde Autorität besitzen würden, ist das bei einer Kritikerin ihres Formats schon ein Ritterschlag! Auf Anhieb hingerissen war die Thuillieux schließlich von der betörenden Schönheit des Klanges und dem Aufblühen dieser

LE FIGARO

SAM. 28, DIM. 29 DÉCEMBRE 1974

MUSIQUE

Werner Haas
Une technique fulgurante

PARMI la pléthore de pianistes qui déferlent quotidiennement sur les salles de concert, je n'en connais pas beaucoup qui possèdent la technique fulgurante, l'autorité souriante de Werner Haas et dont l'écoute vous plonge, par son absolue sécurité, dans une euphorie aussi rafraîchissante.

Avec les « 17 variations sérieuses » de Mendelssohn, on est, d'emblée, ébloui par la franchise et la beauté caressante de la sonorité et par l'épanouissement, dans la sobriété, qui est l'apanage des musiciens de race. Puis, ce sont Mozart et Beethoven : une sonate appassionata, plus éclatante qu'angoissée avec, dans le presto final, un balancement sans merci, qui évoque Gershwin et le monde du jazz.

Avec sa frappe claire, où ne se lit pas l'ombre d'une hésitation, Werner Haas est, de fait, un interprète vertigineux de Prokofiev et de Ravel. Cela ne l'empêche pas de faire chanter Chopin avec un lyrisme superbe et de donner du Carnaval de Schumann une interprétation frémissante, bien qu'un peu trop caracolante à mon gré.

Jacqueline Thuilleux.
● Théâtre des Champs-Elysées.

Originalkritik von
Jacqueline Thuillieux

17

**Le Figaro, Paris
vom 29. 12. 1974:**

Unter der Flut von Pianisten, die täglich die Konzertsäle überschwemmen, kenne ich nicht viele, welche die brillante Technik und lächelnde Autorität von Werner Haas besitzen, der die Zuhörer in eine erfrischende Euphorie zu versetzen vermag.

Von den 17 Variations serieuses von Mendelssohn ist man auf Anhieb hingerissen durch seine Gelöstheit, durch die betörende Schönheit des Klanges und durch das Aufblühen dieser Musik, vorgetragen mit einer Schlichtheit, die den Vorzug des begnadeten Künstlers darstellt. Dann folgen Mozart und Beethoven. Eine Appassionata, mehr mitreißend als beunruhigend mit einem im Presto-Finale gnadenlos hingeworfenen Balance-Akt, der Gershwin und die Welt des Jazz heraufbeschwört. Mit seiner durchsichtigen Klarheit, die nicht den Schatten einer Verzögerung aufkommen läßt, ist Werner Haas in der Tat ein erregender Interpret Prokofieffs und Ravels.

Das hindert ihn aber nicht, Chopin singen zu lassen in einer zauberhaften Lyrik und dem Carnaval von Schumann eine rauschende Interpretation zu verleihen, wiewohl nach meinem Geschmack mit etwas zu freien rhythmischen Schwankungen.

Jacqueline Thuilleux
Théâtre des Champs-Elysées

Übersetzung der Kritik

von Jacqueline Thuillieux

17 Variations serieuses von Mendelssohn, die mit der Schlichtheit eines begnadeten Künstlers vorgetragen wurden. Nicht weniger begeistert war die Kritikerin von deinen Interpretationen der Mozart-, Beethoven– und Schumannwerke.

Werner, welcher von den weltberühmten Pianisten hat in dieser Stadt schon jemals derart uneingeschränkte Lobeshymnen erhalten! Und was geschieht in deinem Heimatland? Wenn du dort in der musikalischen Diaspora spielst, zum Beispiel in Ulm, musst du dir Frechheiten gefallen lassen, die irgend ein wichtigtuerischer Musikstudent in einer Provinzzeitung über dein Spiel schreibt! Diesen Unsinn liest dann dein Konzertagent und glaubt es womöglich auch noch! In welchem Jahrhundert leben wir denn, Werner? In einer Zeit, in der es Pianisten buchstäblich wie Sand am Meer gibt und an allen Ecken und Enden Wettbewerbe stattfinden, bei denen Preisträger durch voreingenommene Juroren in die Öffentlichkeit gespült werden, musst du jede Chance zur Selbstdarstellung wahrnehmen. Und was, bitte schön, ist beweiskräftiger als eine Vielzahl solcher Kritiken wie die von Jaqueline Thuillieux? Ob in der Mailänder Gente, der Londoner Times, dem Saturday Review, New York, der Harald Tribune, New York oder Highfidelity, in allen einschlägigen Blättern wirst du in den höchsten Tönen gelobt. Hat dein Konzertagent davon eigentlich auch nur den Schimmer einer Ahnung?

Die Kritiker haben dir hoch angerechnet, dass du nie an solchen Wettbewerben mit ihrem äußerst fragwürdigen Preisgebaren teilgenommen hast. Längst aber wurden dir andere Wege gewiesen, die du nun auch beschreiten musst.

Es gibt ein Wort von Christus in den Evangelien, dass der Prophet in seinem eigenen Land nicht wahrgenommen wird (Lukas 4/23, der Autor). Du musst die Brücken hinter dir abbrechen. Deine Einwände ehren dich – aber so kommen wir nicht weiter!"

Nachdenklich geworden, verließ Haas nach dieser langen und freimütigen Aussprache das Büro seines Freundes Maslowski. Natürlich hatte Maslowski nicht unrecht. Als Direktor der Philips Paris war es ja seine Aufgabe, den Bekanntheitsgrad seiner Schützlinge zu fördern, und für Werner Haas spürte er eine besondere Verantwortung.

Die ihm vertraut gewordene kleine alte Kirche St. Pierre am Montmartre war der Ort, an dem sich Werner Haas vor der Heimreise sammeln und seine belastenden Gedanken ordnen konnte. Das Bittgebet des heiligen Franziskus, das er einige Wochen zuvor von Hand abgeschrieben hatte, wird ihm wohl in solchen Augenblicken in den Sinn gekommen sein.

Und vielleicht auch der Inhalt eines Buches, das zu Hause aufgeschlagen auf dem Nachttisch lag: „Von Jesus zu Christus". Wie groß und erhaben war das Leben dieses menschgewordenen Gotteswesens, wie klein und nichtig sind dagegen die Ziele der Menschen, die nach Ansehen und Reichtum trachten: „Das sind nicht meine Wege – ich habe das nie gewollt und glaube, dass mein Karma ganz anders verläuft, als es mein Freund Maslowski und viele Menschen meines Umfeldes sehen."

Zeitlebens hat Werner Haas Vorahnungen über schicksalhafte Ereignisse gehabt. Seine Schwester Isolde erinnert sich daran, dass er eines Nachts sehr lange vor seinem Todestag vom Schlaf aufschreckte mit einem markerschütternden Schrei, der im ganzen Haus zu hören war. Wach geworden, beschrieb er einen Traum, bei dem sein Leben bedroht war. Er ging jedoch nicht auf Einzelheiten ein, um seine Angehörigen nicht zu beunruhigen.

Herr, mein Gott, mach mich zum Werkzeug Deines
Friedens.
Daß ich Liebe übe, wo man mich haßt,
daß ich verzeihe, wo man mich beleidigt,
daß ich verbinde, wo Streit ist,
daß ich die Wahrheit sage, wo Irrtum herrscht,
daß ich Glaube bringe, wo Zweifel drückt,
daß ich Freude mache, wo Kummer wohnt.
Ach Herr, laß Du mich trachten:
Nicht, daß ich getröstet werde, sondern daß ich andere
tröste,
nicht, daß ich verstanden werde, sondern daß ich andere verstehe,
nicht, daß ich geliebt werde, sondern daß ich andere liebe.
Denn, wer da gibt, der empfängt,
wer sich selbst vergißt, der findet,
wer verzeiht, dem wird verziehen
und wer da stirbt, der erwacht zum ewigen
Leben.

Gebet des hl. Franziskus, von Werner Haas handgeschrieben

In vertrauten Gesprächen mit seinem engsten Freund äußerste er immer wieder die Ansicht, dass ihm ein langes Leben als Pianist nicht möglich sein würde. Die von ihm in seiner Jugendzeit hoch verehrten Pianisten wie der Liszt-Schüler Emil von Sauer, Kempf, Backhaus, Horowitz, Richter, Horszowski hatten alle ein hohes Alter und konnten auch dann – insbesondere der Pole Mieczyslaw Horszowski mit über 100 Jahren (1892-1993) – noch sehr gut Klavier spielen. Haas konnte sich nicht vorstellen, selbst einmal in dieser Lage zu sein. Möglich, dass die warnenden Worte seines Arztes Dr. Gisbert Husemann über die Gefahren des Autofahrens in sein Bewusstsein traten – er war stets darauf bedacht, sein Leben so zu ordnen, dass es für ihn und für seine Angehörigen überschaubar blieb.

An der Balustrade von Montmartre

An der Balustrade von Sacre Coeur blickte er noch einmal versonnen über die in der Sonne silbrig glänzenden Dächer von Paris, ehe er die verhängnisvolle Heimreise nach Stuttgart antrat.

Obwohl für die gesamte Tournee Flugkarten gebucht waren – also auch für den Flug von Paris nach Stuttgart – gab er, wie bereits erwähnt, der Bitte seiner Freundin aus Bern Edith Jenny nach und fuhr mit ihr in ihrem kleinen Auto von Paris in Richtung Stuttgart.

An diesem Tag, dem 11. Oktober 1976, hatte nach vielen regenlosen Wochen ein Landregen eingesetzt, und die Landstrasse von Paris nach Straßburg (damals gab es dort noch keine 4-spurige Autobahn) war auf Grund des starken LKW-Verkehrs mit einer schmierigen Schicht belegt. Mehrere Unfälle ereigneten sich nach Aussagen der Straßenpolizei an diesem Tage.

Ermüdend lange, gerade Straßen führten bis in die Nähe von Nancy, wo

Das Unfallfahrzeug Audi 60

dann bei der Ortschaft Foug die Straße in eine scharfe Rechtskurve ein-
mündete. Die beiden Insassen des Stuttgarter PKW hatten sich während
der Reise beim Fahren abgewechselt. Nun saß Werner Haas am Steuer
und sah unmittelbar nach der Rechtskurve einen 35to schweren LKW auf
seiner Fahrbahn auf sich zu kommen. Haas versuchte den Wagen weiter
nach rechts zu steuern und dem Ungetüm auszuweichen, aber der Abstand
zur Leitplanke war zu gering, und so zerstörte der unvermeidbare frontale
Zusammenstoß insbesondere die Fahrerseite.

Die schweren Kopfverletzungen, die der eingedrückte linke Holmen des
Frontfensters verursachte, führten zu seinem Tod. Werner Haas starb noch
auf dem Weg in das Krankenhaus Nancy im Unfallfahrzeug. Der Tod trat
kurz nach 19 Uhr 30 ein. Seine schlichte goldene Uhr zeigte diese Zeit,
sie blieb offenbar beim Unfall sofort stehen.

Im gleichen Augenblick hatte seine Schwester Isolde in Stuttgart einen
plötzlichen Schwächeanfall. Als Mutter ihres Sohnes Michael-Stephan, der
in die 7. Klasse der Waldorfschule am Kräherwald ging, half sie zusammen mit einigen Schülern in der Küche bei der Bewirtung von Lehrern
während einer abendlichen Konferenz.

„Um Himmels willen, Frau Haas-Sautter" rief da einer der Schüler,
„setzen Sie sich doch bitte hin und ruhen Sie ein wenig, sie sind ja ganz
blass"! Isolde folgte diesem Rat und konnte sich diesen ungewöhnlichen
Schwächeanfall nicht erklären. Sie schaute auf die große Uhr im Flur, sie
zeigte 19 Uhr 37. Innerlich voller Unruhe wartete sie noch auf das Ende
der Konferenz um 20 Uhr, um dann sogleich nach Hause zu fahren, wo
alle die Heimkehr von Werner erwarteten.

Gegen 21 Uhr kam statt dessen ein Anruf von der deutschen Gesandtschaft in Nancy mit dem lakonischen Hinweis, dass das Fahrzeug von Edith
Jenny bei der Ortschaft Foug in der Nähe von Nancy in einen Frontalunfall
verwickelt war, mit schwerwiegenden Folgen für die Insassen. Man möge
doch – wenn möglich – sofort ins Krankenhaus nach Nancy kommen.

Die Erschütterung der Angehörigen über diese Nachricht lässt sich nicht
beschreiben. Über die Schwere der Verletzungen von Werner und Edith Jenny
bestand quälende Ungewissheit. In großer Eile wurden Übernachtungskoffer

gepackt und das Fahrzeug reisefertig gemacht, als ein 2. Anruf der Gesandtschaft die unfassbare Nachricht vom Tod des Pianisten mitteilte.

Die Zeit schien still zu stehen! War denn für uns ein Leben ohne die ständige Gegenwart dieser großen Musikerpersönlichkeit überhaupt denkbar?

Nie mehr werden wir sein unvergleichliches Spiel auf dem Steinwayflügel hören, das früher viele Stunden am Tag das ganze Haus mit den hehren Klängen klassischer Kompositionen veredelte.

Auf mich, den Freund, hatte Werner Haas immer schon den Eindruck eines jungvollendeten Musikers gemacht. Fast täglich erlebten wir im nicht schallgedämmten Haus das Wunder der Entstehung von Werken im Klavierspiel – seien es die mit schwebender Leichtigkeit gespielten Kompositionen von Chopin oder gar – viele Jahre später noch nachklingend – die herrliche Schubert-Sonate in B-Dur aus Schuberts Nachlass, die Werner mit dem großen Atem seines musikalischen Empfindens umfasste.

In dieser Stunde tiefster Trauer wurde uns allen sein Spiel mit dieser ihm eigenen außergewöhnlichen Anschlagskunst gegenwärtig, seine Stimme gewissermaßen hörbar. Es war auch die Stimme, mit der er zu seinem Instrument sprach, sobald er es berührte. Plötzlich lebten wir in einer neuen Wirklichkeit, in der alle Schrecken und Schmerzen dieser Stunden einmünden in die vom Vollendeten ausgehende erhabene Ruhe, eines unendlichen Friedens. Ein stetiger Kräftestrom aus der geistigen Welt, der durch lichterfüllte Klänge die Trauernden mit diesem unfassbaren Geschehen zu versöhnen versuchte.

Sehr gefasst in seinem unendlichen Schmerz um den geliebten Sohn begleitete uns Vater Meinrad auch auf der Fahrt am anderen Tage nach Nancy, die wir im Auto von Isoldes Schwager Helmut Sautter antraten. Die Identifikation des toten Pianisten in der Morgue des Krankenhauses Nancy stand bevor: das war der am schwersten zu ertragende Moment für seine Angehörigen.

Wie in Trance wurden die Formalitäten für den Rücktransport im Zinnsarg erledigt. Unser Besuch bei der schwer verletzten Edith Jenny in der Intensivstation desselben Krankenhauses brachte auch für sie die Gewissheit, dass Werner Haas bei dem Unfall gestorben war. Sie selbst hatte schwere

Die große Trauergemeinde bei der Beerdigung am 21.10.1976

Kopfverletzungen erlitten und war mehrere Stunden lang nach dem Unfall ohne Bewusstsein gewesen; sie konnte aber nach einigen Monaten in der Filderklinik Bernhausen vollständig genesen.

Als die Familie am Abend des dritten Tages nach dem Unfall nach Stuttgart zurückkehrte, brachte zum gleichen Zeitpunkt der Rückkunft die ARD eine Gedächtnissendung mit Werner Haas, die zwei Jahre zuvor im FS-Studio mit Chopinwerken aufgezeichnet worden war. Das wurde wie ein Zeichen aus der geistigen Welt begriffen: „Ihr werdet auch weiterhin von mir hören, habe ich doch zahlreiche Werke auf Tonträger eingespielt, die auf diese Weise unvergänglich sind! Nicht trauern sollt ihr, sondern in Liebe an mich denken, das wird Euren Schmerz lindern"!

Die ergreifenden und tröstenden, weit über das irdische Bewusstsein hinaus führenden Worte des schon vom Tode gezeichneten Priesters der Christengemeinschaft Dr. Erwin Schühle waren bei der Trauerfeier auf dem Feuerbacher Friedhof für die Angehörigen wie auch für eine große Trauergemeinde eine hilfreiche Brücke in die geistige Welt, in der Werner Haas nun weiterwirken wird.

Unfallprotokoll und Reaktionen

Wegen der schmierigen Fahrbahndecke wurde im Polizeiprotokoll ange-
nommen, dass der deutsche PKW zu schnell in die Kurve gefahren und
dabei auf die linke Fahrseite geraten sei. Durch eine Fotodokumentation
des Biographen, der am Tag nach dem Unfall diese Stelle fotografierte
und sich die Unfallspuren (Scherben von Scheinwerfern, Frontscheiben
sowie Fahrzeugteile des Audi 60) eindeutig auf der Fahrbahn des PKW
befanden, konnte diese Annahme klar widerlegt werden. So war also dieser
schreckliche Zusammenstoß durch den unachtsamen Fahrer des französischen LKWs verursacht worden, der möglicherweise beim Anzünden einer
Zigarette oder durch Übermüdung auf die linke Fahrbahnseite geraten
und dadurch den Tod dieser großen Pianistenpersönlichkeit herbeiführte.
Tief betroffen äußerten sich darüber französische und deutsche Zeitungen,
die hier wörtlich zitiert werden   *(Stuttgarter Nachrichten, 14. Oktober 1976)*:

*Was wir in unserer gestrigen Ausgabe unbestätigten Informationen
zufolge schon angedeutet hatten, ist nun zur traurigen Gewissheit geworden: Der 45jährige Stuttgarter Pianist Werner Haas ist bei einem
Verkehrsunfall, der sich am Montag in Ostfrankreich ereignete, ums
Leben gekommen.*
*Was uns alle, die wir mit dem Stuttgarter Musikleben verwachsen sind,
besonders betroffen macht, ist der Umstand, dass Werner Haas einer der
menschlich ausgeglichensten, liebenswertesten und uneitelsten Klasse-
pianisten gewesen ist, die je in dieser Stadt wirkten. Dieser seiner Zurückhaltung ist wohl auch zuzuschreiben gewesen, dass er – obwohl als
zu seiner Zeit weitaus vielseitigster und überlegenster Klavierinterpret
in Stuttgarts Mauern – nie zum Star geworden ist; ein Fürst, der –
entsprechend dem Sprichwort – auswärts weit mehr galt als in seiner
Heimat. Wobei nicht zu vergessen ist, dass sich Werner Haas gerade in
Paris, einem der schwierigsten Pianistenpflaster Europas, konstanter Be-
liebtheit erfreute. Stuttgart hat einen Künstler von hohen künstlerischen
und moralischen Qualitäten verloren.*   *dsch (Dieter Schorr)*

LE PIANISTE WERNER HAAS TROUVE LA MORT
EN VOITURE *(L'Aurore, Paris, 14.10.1976)*

Un des pianistes les plus doués de sa génération, l'Allemand Werner Haas a trouvé la mort mardi soir dans un accident de voiture, après avoir donné un concert à Cain.

Bien connu des Parisiens, Werner Haas qui s'était fait entendre le 25. août dernier à la Fac de droit, avait acquis la flatteuse reputation de "successeur de Gieseking" – don't il avait été l' éléve préféré – pour ses interpretation de Debussy. L'intégrale qu'il réalise de l'oeuvre pour piano du maitre francais.

Né à Stuttgart en 1931, Werner Haas manifesta dès son plus jeune age ses Tour la musique et à sept ans jouait déjà certaines sonates de Beethoven.

En 1954, il entra dans la classe de Walter Gieseking au conservatoire de Sarrebrück et fit débuts publics un an plus tard à Stuttgart. Il donna son premiers récital à Paris il y a tout juste vingt ans (en décembre 1956) et signait le meme soir, après un accueil enthousiaste, son premier contract d' exclusivité pour la firme Philips pour laquelle il devait réaliser un grand nombre d'enregistrements don't plusieurs furent couronnés par des grand prix du disque (pour integrales de Debussy , Nachtrag!), telle sa version de deux concertos de Ravel qui lui a valu le Prix Edison. Nous laisse aussi les integrales de l'oueuvre de Tchaikovski, des valses de Chopin et de l'euvre pour piano et orchestre de Gershwin.

Leider hat der Verfasser dieses Nachrufes nicht exakt recherchiert, gab sich jedoch Mühe, die Bedeutung des Pianisten in Frankreich und insbesondere in Paris hervorzuheben.

Teil II

Kindheit und Elternhaus

*G*eht man einmal davon aus, dass die Präexistenz eines Menschen die Wahl der Eltern ermöglicht, so hätte Werner Haas diese Wahl nicht besser treffen können: Mutter Martha wie auch Vater Meinrad waren mit Leib und Seele Musiker und wünschten sich nichts sehnlicher, als dass diese leidenschaftliche Liebe einmal auch in ihren Kindern weiterleben möge. Und beide Kinder haben diesen Herzenswunsch dann auch erfüllt.

Schon in ihrer Kindheit zeigten sie eine ungewöhnliche Musikalität und konnten schwierige Gesangspartien mühelos und fehlerfrei nachsingen. Während Isoldes Stimme sich zu einem sehr beseelten, lyrischen Sopran entwickelte, mit dem sie später Solopartien in Mozart- und Schubert-Messen gestalten konnte, hatte der kleine Werner schon mit 4 Jahren das absolute Gehör und erhielt die ersten Klavierstunden von seinem Vater, der selbst hervorragend Klavier spielte.

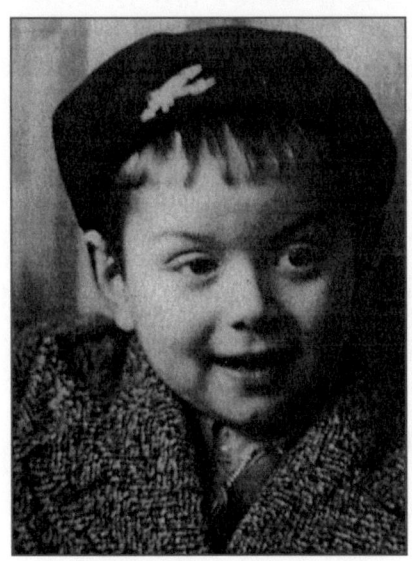

Der 5-jährige Werner,
mit „Flugermütze"

Meinrad Haas war eines von 13 Kindern einer Lehrerfamilie in Ebingen/Donau und spielte schon in seiner Schulzeit auf der Kirchenorgel. So manches Mal wurde er in den Karzer der Schule gesperrt, weil er Stunden im Gymnasium "schwänzte" und sich mit Vaters Schrift Entschuldigungen ausstellte, um in der Kirche Orgel spielen zu können. Ein Freund, der den Blasebalg treten musste und ihm zuhörte, hat ihn dabei stets begleitet. Gerne wäre Meinrad Haas selber Pianist geworden, doch fehlten dazu in der kargen Zeit während und nach dem 1. Weltkrieg die finanziellen Mittel. Als dann die große Familie gegen Ende des Krieges nach Stuttgart-Feuerbach umzog, wo Vater Alois eine freigewordene Stelle am Gymnasium antrat, ergriff Meinrad Haas nach dem Abitur die gebotene Chance zum Architekturstudium, das er überwiegend selbst mit Nachhilfeunterricht, Klavier- und Orgelstunden sowie Liedbegleitung finanzierte. Noch in seiner Studienzeit starb sein Vater durch einen Schlaganfall, wodurch sich die Lage der kinderreichen Familie Haas in der Zeit der Inflation dramatisch verschlechterte.

Meinrad musste nun nicht nur die Kosten seines Studiums, sondern auch seinen und der Familie Lebensunterhalt mit bestreiten.

Hochzeitsbild Martha und Meinrad Haas, Okt. 1928

Schicksalhaft war Mitte der 20er-Jahre die Begegnung mit Martha Hägele, die ebenfalls bei Ihren Eltern in Feuerbach wohnte und ein privates Gesangs-Studium bei Gesangslehrern der Stuttgarter Musikhochschule absolvierte.

Auch sie hatte dafür keinerlei finanzielle Unterstützung von den Eltern und bezahlte die Gesangsstunden mit Klavierunterricht.

So ereignete sich denn die Begegnung dieser beiden musischen Menschen: Martha suchte und fand in Meinrad den Liedbegleiter, der die gleiche Liebe wie sie zu den Liederzyklen von Schubert, Schumann und Wolf mit ihr teilte, die größte

Liebe jedoch zu dieser schönen jungen Sopranistin Martha empfand. Im Herbst 1928 heiratete das gleichgestimmte Paar, dem im folgenden Jahr Tochter Isolde und am 03. März 1931 Söhnchen Werner geboren wurde.

Das Glück des jungen Paares war vollkommen, wenngleich in dieser inflationären Zeit Vater Meinrad arbeitslos war und seine Frau Martha die Familie als Chorsängerin im Stuttgarter Rundfunkchor allein ernähren musste.

Die Anstellung des Vaters als Architekt verbesserte nach einiger Zeit die Lage der jungen Familie, die schließlich die Erdgeschosswohnung

Isolde mit dem Brüderchen

des elterlichen Hauses von Martha in der Klagenfurter Strasse in Stuttgart-Feuerbach beziehen konnte.

(In der gleichen Wohnung lebte und arbeitete Werner Haas in den letzten 10 Jahren seines Lebens. Sie blieb bis heute unverändert und ist Hauskonzerten mit Pianistenfreunden vorbehalten, die mit großer Liebe und Verehrung auf seinem Steinway-Flügel spielen.

Die Eltern des Pianisten erkannten früh die große Begabung des Jungen, der als 4-Jähriger schon nach der ersten Klavierstunde mit Fingerübungen und dem Erlernen der C-Dur-Tonleiter diese ohne Hilfe und nach kurzer Zeit Oktaven in allen Tonarten fehlerfrei spielte.

Durch die berufliche Tätigkeit der Eltern wurde die 2 Jahre ältere Schwester Isolde seine engste Vertraute; sie umsorgte das Kleinkind mit geschwisterlicher Liebe und führte ihn später "an Hand" täglich in den Kindergarten, wo sie ihn nicht aus den Augen ließ.

31

Das Musikzimmer des Pianisten

Oft saßen beide Kinder am Abend unter dem Flügel und lauschten hingebungsvoll dem Gesang der Mutter, die vom Vater begleitet wurde.

Isolde erinnert sich an einen bemerkenswerten Vorfall: Einmal schimmerten Tränchen in den Augen des damals 3jährigen Werner. Als die Mutter erschrocken sah, dass die Kinder noch zu später Stunde unter dem Flügel saßen und der kleine Werner weinte, fragte sie ihn: Weinst Du jetzt, weil Du ins Bett gehen musst"? schluchzte das Kind:" Nein, wegen dem Schumann!"

Isolde und Werner als Kinder beim Gang in den Kindergarten

Diese Zyklen und der Liedgesang allgemein übten auch in seinem späteren Künstlerleben stets einen großen Einfluss auf seine pianistische Entwicklung aus: "Die Wärme und Beseeltheit der Gesangsstimme muss in das Klavierspiel einfließen, in jedem Anschlag sollte die Seele des Pianisten mitschwingen," das war seine grundlegende Ausrichtung. Wie gut es ihm gelungen ist, seine Vorstellung über eine besondere Klang-Ethik zu verwirklichen, haben später viele Rezensenten in aller Welt bei der Beurteilung seiner Konzerte und Einspielungen beschrieben: "Jede Taste singt unter seinen Fingern" und Gleichlautendes war da oft zu lesen.

Die Schulzeit.

Diese begann sehr früh für den nun 5jährigen, weil er nach der Einschulung seiner Schwester nicht mehr allein in den Kindergarten gehen wollte und kurzerhand mit Isolde in die Schule ging.

*Der fünfjährige Werner begleitet
seine Schwester zur Schule*

Das war damals eine Mädchenklasse, und Werner saß als einziger Junge mitten unter den Mädchen, von einer mütterlichen Lehrerin wohl geduldet. Mutig meldete er sich zu Wort, wenn die Mädchen um eine Antwort verlegen waren. Dann wurde er von Frau Merz besonders gelobt.

So war es nur natürlich, dass er schon mit 6 Jahren eingeschult wurde und die Prüfungskommission der Lehrer den Eltern empfahl, ihn gleich in die 2. Klasse aufzunehmen. Das aber wollten die Eltern auf keinen Fall, wie sie auch in seiner Jugendzeit bewusst die Laufbahn eines Wunderkindes verhindert haben.

Einer seiner ersten Lehrer hieß Keller. Dieser war eine respekteinflößende Persönlichkeit, die in der ganzen Bismarckschule hohes Ansehen hatte und mit damals ungewöhnlichen Lehrmethoden individuell auf die kleine Schülerschaft einging. So durften sie – um ein Beispiel zu nennen – die Arme beim Schreiben nicht aufstützen, sie sollten gewissermaßen Buchstaben "malen". Das kam Werner sehr entgegen, hatte er doch schon als Kind erstaunliche zeichnerische Fähigkeiten gezeigt, da einer seiner Lieblingsonkel der großen Haas-Familie Kunstmaler war, dem er oft beim Entstehen eines Kunstwerkes über die Schulter zuschaute. Onkel Willi, oder nach Kindermund "Wiwioko" malte auch zauberhafte Kindergemälde,was dazu führte, dass Werner während des Schulunterrichts die Köpfe seiner Lehrer karikierte, was gerade den Lieblingslehrer Keller sehr belustigte. Er war es auch, der die außergewöhnliche Musikalität seines Schülers früh erkannte und ihn so manches Mal bat, der Klasse fertige Werke im Musiksaal der Schule vorzuspielen. Dadurch sollten die Kinder angeregt werden, das Klavierspiel zu erlernen. Die Liebe und Verehrung zu Lehrer Keller bewahrte Werner sein Leben lang und erzählte seinen Freunden viel von dieser Zeit. Nach dem Krieg traf er ihn einmal auf der Straße, und da eröffnete ihm Herr Keller sein in der Nazizeit verschwiegenes Geheimnis: Er war Waldorflehrer und konnte die durch den Begründer der Anthroposophie – Rudolf Steiner – initiierte Waldorfpädagogik in der Schule am Kräherwald nicht mehr ausüben, weil diese wie auch die gesamte Bewegung vom Hitlerregime verboten wurde.

Wie sehr sich Werner durch die Begegnung mit Herrn Keller wie auch durch seine Eltern und Freunde in späteren Jahren mit der Geisteswissenschaft Rudolf Steiners verbunden hat, wird in späteren Lebensbildern zu lesen sein.

Obwohl er bereits mit 7 Jahren Kompositionen von Mozart und Beethoven, soweit sie für Kinderhände greifbar waren, fehlerfrei zu Gehör bringen konnte und seine Zuhörer im kleinen Freundeskreis in helles Entzücken gerieten, erlagen die Eltern nicht den Versuchungen, ihn als Wunderkind in Konzertsälen spielen zu lassen.

Der 2. Weltkrieg

Als 8jähriger erlebte er den Beginn des 2. Weltkrieges, dessen dramatischer Verlauf in den folgenden 6 Kriegsjahren wie auch danach einschneidende Veränderungen in seiner künstlerischen und schulischen Entwicklung mit sich brachte.

Mutter Martha nahm im ersten Kriegsjahr ein Engagement als erste Sängerin im Ingolstädter Stadttheater und 2 Jahre später im Pforzheimer Theater an, um näher bei den Kindern zu sein. Hier konnte sie wenigstens an spielfreien Tagen nach den Kindern sehen, die nach dem Einrücken des Vater in die Wehrmacht 1942 viel auf sich allein angewiesen waren. Ein Dienstmädchen sorgte zwar für das leibliche Wohl der beiden Kinder; Werner jedoch hatte überhaupt keine Lust, auf ihre "Regieanweisungen" zu hören. "Ich folge niemandem, der dümmer ist als ich", war die lakonische Begründung seiner destruktiven Haltung.

Nun fehlte ihm auch der Vater als Klavierlehrer, denn eine Klavierlehrerin, die ihm eine Zeitlang Stunden gab, konnte den Vater in keiner Weise ersetzen.

Die kriegszerstörte Heimatstadt (Stadtarchiv Stuttgart)

Martha Haas als Operettenstar

Die Luftangriffe auf Stuttgart nahmen von Jahr zu Jahr an zerstörerischer Gewalt zu und machten aus der einst so schönen Stadt einen riesigen Trümmerhaufen.

Der mutige Einsatz von Großvater Hägele, der bei jedem Luftangriff zu Hause blieb und häufig durch Brandbomben verursachte Dachstockbrände noch im Bombenhagel löschte, bewahrte das Haus in der Klagenfurter Strasse vor völliger Zerstörung.

Der Tiefbunker am Feuerbacher Bahnhof wurde für Isolde und Werner ein zweites Zuhause bei Luftangriffen; oft schliefen sie dort nächtelang, um nicht mitten in der Nacht den Schlaf unterbrechen und ca. 1 km in den Bunker laufen zu müssen. Manches Mal fielen Bomben, solange sie noch auf dem Weg in den Bunker waren.

Im Jahr 1943 wurde Mutter Martha im fernen Schneidemühl engagiert und war dort bis zum Kriegsende eine gefeierte Primadonna.

Dann, 1944, sollten die Schülerinnen und Schüler des Feuerbacher Gymnasiums, das Werner und Isolde inzwischen besuchten, evakuiert werden, Für die zwei Unzertrennlichen waren verschiedene von Luftangriffen verschonte Kleinstädte in Württemberg ausgewählt worden, wo der Schulunterricht fortgesetzt werden sollte.

Evakuierung

Da kam die Mutter von Schneidemühl und nahm beide Kinder mit in die Stadt im Nordosten Deutschlands, in der trotz der näher rückenden Front der russischen Armee noch tiefster Friede herrschte. Dort konnten beide Kinder den Unterricht am Gymnasium fortsetzen.

Nur wenige Wochen Gemeinsamkeit war den drei Menschen gegönnt. In dieser Zeit durften die Kinder oftmals die Vorstellung im großen, weit über 1500 Menschen fassenden Stadttheater in Schneidemühl besuchen und die Mutter in den schönsten Rollen heiterer Operetten erleben. Daran

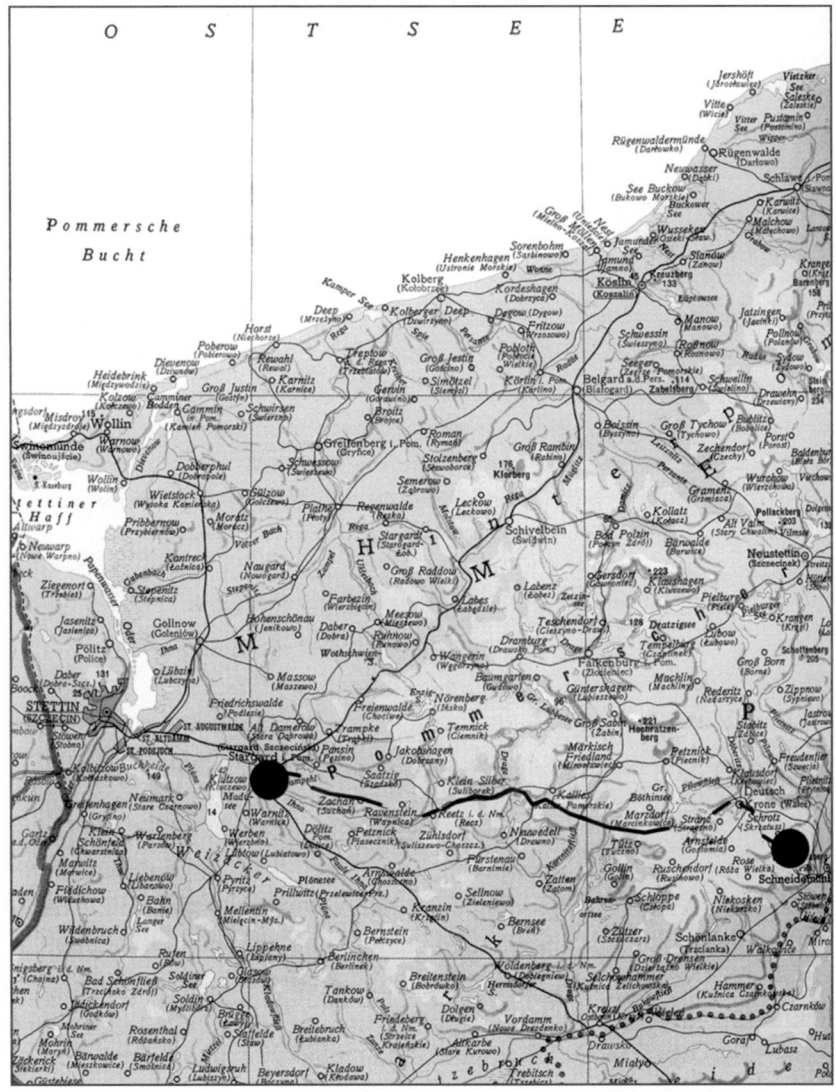

Der Weg des Flüchtlingstrecks von Schneidemühl nach Stargard

konnten sie sich nicht satt sehen, und als die Mutter ihnen eines Abends verbat, wieder ins Theater zu gehen, schlichen sie sich heimlich und unbemerkt von beaufsichtigenden Personen aus dem Haus und wurden vom Spielleiter in dessen Loge geführt.

Dieser machte seine erste Sängerin dann darauf aufmerksam, dass nun begonnen werden könne: "Die Kinder sind ja da!" Nun, die Mutter hat den Beiden angesichts dieser Theaterbegeisterung ihren Ungehorsam rasch verziehen.

Die Sorge um den Vater bedrückte die kleine Lebensgemeinschaft sehr. Er war inzwischen als Offizier an die russische Front verlegt worden und konnte nur in großen Abständen und mit Verzögerung durch die Feldpost Lebenszeichen von sich geben. Dabei ermunterte er Werner stets, mit dem Studium des Klavierspiels emsig fort zu fahren, war er sich doch absolut sicher, dass Werner verwirklichen würde, was ihm, dem Vater, verwehrt geblieben war, nämlich Pianist zu werden.

Erster Preis bei einem Wettbewerb

Dieses Vertrauen wollte Werner dem Vater zurückgeben, als er sich aus eigenem Entschluss zu einem Wettbewerb für musizierende Jugend in Bromberg einschreiben ließ. Allein fuhr er mit der Bahn trotz der Gefahr von Tiefflieger-Angriffen in diese Stadt und musste dort während des Wettbewerbs auch mehrmals übernachten. Nach Hause telefonierte er: "Merkwürdig, ich muss den Juroren immer wieder vorspielen, dann ziehen sie sich zur Beratung zurück. Sie sind sich wohl nicht sicher, ob ich als 13Jähriger überhaupt in der Lage bin, an diesem Wettbewerb teilzunehmen."

Wenige Tage später signalisierte er nach Schneidemühl: "Stellt Euch vor – die haben mir den ersten Preis gegeben!"

Selbstredend widmete er diesen Preis dem Vater an der russischen Front, der sein Vertrauen in Werners Zukunft gerechtfertigt sah.

Zu seiner großen Enttäuschung wurde einige Wochen später Isolde mit ihrer Klasse nach Heringsdorf an der Ostsee versetzt. Die häufige

Einsamkeit in dem großen Haus des Brauereibesitzers Zahn – die Mutter hatte mit Proben und Aufführungen viel zu tun – nutzte er ausgiebig für Übungen am Flügel.

Jakob, ein äußerst zahmer Wellensittich, wurde das liebste Wesen des Tierfreundes. Ständig saß er beim Klavierspielen auf seinen Schultern oder gar – bei langsamen Passagen – auf den Händen und horchte hingebungsvoll Werners Spiel zu.

Fast täglich schrieb Werner in lustigen Briefen und Gedichten seine Erlebnisse mit Jakob nieder und garnierte die Briefe mit den Karikaturen seiner Lehrer. Die Blattränder wurden – gewissermaßen als Gruß von Jakob – "perforiert", was diese Schreiben noch interessanter machte. In Heringsdorf wartete die ganze Mädchenklasse stets mit Spannung auf die Post aus Schneidemühl, die dann von Isolde unter großem Gelächter vorgelesen wurde. Werner war ein ungemein humorvoller Junge, dessen äußere Attraktivität und sein pianistisches Können den Mädchen von Isoldes Klasse natürlich nicht verborgen blieb.

Diese Anziehungskraft auf die holde Weiblichkeit zeigte sich auch in späteren Jahren. Seine Freundschaften mit dem weiblichen Geschlecht führten jedoch nie zu der von manchen Damen erhofften ehelichen Bindung. "Wie sollte ich Frau und möglicherweise auch Kinder mit meinem Beruf als Pianist jemals vereinbaren können?", sagte er eines Tages zu seiner Schwester. "Du, dein Sohn Michael und dein Mann – zugleich mein engster Freund – ihr seid doch auch meine Familie, die mit mir im gleichen Hause lebt, warum also sollte ich mich anderweitig binden"?

Die Flucht

Ferner Kanonendonner kündigte das Näherrücken der Front an. Alle Erwachsenen und das gesamte Theaterensemble wie auch die 15jährigen Mädchen aus Isoldes Klasse, die inzwischen wieder in Schneidemühl war, wurden zum Aushub von Panzergräben dienstverpflichtet. Da protestierte Rektor Happel bei den verantwortlichen Militärbefehlshabern gegen diesen Einsatz der Jugendlichen mit der Begründung, dass Mädchen in diesem Alter bei derart unzumutbarer schwerer Arbeit später dem "Führer" nach dem "Endsieg" keinen Nachwuchs mehr bringen könnten. Dieser ironische Vorwand fruchtete tatsächlich. Die Mädchen wurden danach vom Dienst an der Schippe befreit. Rektor Happel machte aus seinem Herzen keine Mördergrube in Bezug auf Hitler und seine Schergen. Laut beklagte er das missglückte Attentat vom 20. Juli 44 und alle Mädchen waren in großer Sorge um ihren geliebten Rektor. Isolde, die durch ihren Dienst an schwer verwundeten Soldaten eine schlimme Hautallergie im Gesicht bekommen hatte und von hilflosen Ärzten noch schlimmer zugerichtet wurde, war dem Direktor Happel besonders ans Herz gewachsen. Nach ihrer Genesung mit Hilfe ihrer Mutter ging er oft mit ihr spazieren und fragte sie, wo sie am liebsten hingehen würde. "Bitte an den Strand, Herr Direktor" antwortete sie. Dort nämlich übertönte das Rauschen der Ostseewellen die Gespräche, bei denen Herr Happel seinen Hass gegen das Hitlerregime lautstark ausdrückte.

Die Mädchen beschworen sich gegenseitig der strengsten Verschwiegenheit zu allen seinen Äußerungen, so dass er mit seiner Mädchenklasse im Spätherbst 1944 unbehelligt nach Castrop-Rauxel zurückkehren konnte.

Martha war zu dieser Zeit dienstverpflichtet und konnte mit den Kindern noch nicht aus der bedrohten Stadt fliehen. Als sie sich eines Tages bei einem der Bewacher beim Ausheben von Panzergräben über die rohe Behandlung der schwer arbeitenden Menschen beschwerte, brüllte dieser sie an: "Noch einen Ton, und sie wandern ins KZ"! Da scharte sich das gesamte Ensemble um ihre erste Sängerin und drohte dem Bewacher, ihn ob dieses Ausfalls bei seinem Vorgesetzten zu melden. Als dieser erfuhr, mit welcher Persönlichkeit er derart verfahren war, schlotterten ihm die Knie und er bat händeringend um Verzeihung. Martha, wohl wissend, dass dieser Mensch durch seinen Fauxpas unweigerlich an die Front abkommandiert worden wäre, beließ es bei dieser Entschuldigung.

Nicht zum ersten Mal begehrte die mutige Frau auf und kam dabei öfter in Schwierigkeiten. Im Kreis von Offizieren, die sie zum Liedgesang einluden und danach mit ihr zusammensaßen, sprach sie unverhohlen ihre Meinung aus über das korrupte Naziregime: "Wie können nur wissende und geistreiche Menschen wie Sie, meine Herren, diesem feigen Kerl derart die Treue halten, der doch längst sein Vaterland verraten hat!" sagte sie einmal in diesem Kreis und wurde von einem der Anwesenden, der sie besonders verehrte, zur Seite gezogen: "Bitte, bitte, gnädige Frau, unterlassen Sie künftighin solche Äußerungen! Auch ich könnte Sie dann nicht vor der Verhaftung und vor dem KZ schützen, wenn hier undichte Stellen wären"!

Die Lage für die Familie wurde immer prekärer. Versuche, noch einen Zug in Richtung Stuttgart oder in den Westen zu erreichen, waren aussichtslos. An den auf dem Schneidemühler Bahnhof deshalb bei eisiger Kälte Ausharrenden fuhr der wohl letzte Zug nach Westen vorbei, ohne anzuhalten. Als die Menschen erfuhren, dass in diesem Zug Himmler mit einigen Genossen vom Frontbesuch nach Berlin zurückkehrte und dieser Zug ansonsten fast leer war, verfluchten sie die Nazibande lauthals, ohne dafür zur Verantwortung gezogen zu werden. Plötzlich war nämlich niemand mehr da, der sie verurteilen konnte, sie waren völlig allein gelassen worden mit ihrem Schicksal.

In diesen Tagen ergab es sich, dass der mit seiner Reiterkompanie an der nahen Front aussichtslos gegen die russische Übermacht kämpfende Meinrad Haas um einen kurzen Fronturlaub gebeten hatte, um seiner Familie bei der Flucht aus Schneidemühl beistehen zu können. Durch seinen Freund Herrmann Kuhr, dessen hoher Vorgesetzter ein Verwandter war, konnte dieser Urlaub durchgesetzt werden, und so kamen Meinrad Haas und sein Freund Herrmann Kuhr fast unmittelbar vor der Einnahme Schneidemühls durch die russische Armee dort an.

Die Freude, den Vater wieder zu sehen, war grenzenlos! Brauereibesitzer Zahn überließ den Flüchtlingen ein kräftiges Brauereipferd und einen Leiterwagen, dessen Leitern mit Planen ausgekleidet wurden. Darauf wurden die 3 Familienmitglieder wie auch weitere 9 Nachbarn mit ihren Kindern verfrachtet.

Zu allem Unglück kam eine schwere Lungenentzündung von Martha Haas mit hohem Fieber dazu, das weder medikamentös noch durch einen Arzt behandelt werden konnte. Vermutlich war es die Folge ihrer

Arbeit beim Aushub von Panzergräben auf beinhart gefrorenem Boden. So blieb nur die Möglichkeit, sie in viele Decken zu hüllen, wo sie trotzdem während der beschwerlichen Flucht auf dem mit Eisenrädern versehenen Leiterwagen auf den holprigen Strassen immer wieder Schüttelfröste hatte und einige Male ohnmächtig wurde, was ihr vermutlich das Leben rettete.

Wie einen unwirklichen Film erlebten die beiden Kinder die bedrängende Dichte dieser Tage. Werner vermisste zur große Sorge um die Mutter auch seinen geliebten Flügel, der nicht mehr nach Stuttgart transportiert werden konnte und nun den Russen in die Hände fiel. Zu gerne hätte er auch den kleinen Jakob, seinen Wellensittich, in der Hosentasche mitgenommen, doch dabei wäre dieser darin wegen der eisigen Kälte vermutlich erfroren.

Der Flüchtlingstreck nach dem ca. 80 km entfernten Stargard wurde oftmals durch Angriffe russischer Tiefflieger unterbrochen, die erbarmungslos die flüchtenden Menschen beschossen. Die Brutalität des Krieges äußerte sich darin in unvorstellbarem Maße, war doch für die Flugzeugbesatzung leicht zu erkennen gewesen, dass es sich hier um völlig wehrlose Menschen handelte.

Bei einem dieser Angriffe verlor Isolde das vom Vater gelenkte Pferdefuhrwerk aus den Augen. Sie ging dann zu Fuß weiter, hoffend, die ihrigen irgendwann wieder zu finden. Am Abend sah sie in der Dämmerung eine Gestalt auf einer Anhöhe stehen und hatte den Eindruck, es sei ein Engelwesen. Beim Näherkommen erkannte sie den Vater, der auf sie wartete!

In Stargard

Übernachtet hatte der Flüchtlingsstrom in verlassenen Dörfern, in deren Häusern sich Betten befanden und manchmal auch Nahrhaftes zu finden war. Das half den Menschen über die größte Not, und so erreichten sie schließlich nach erheblichen Strapazen Stargard. Wie durch ein großes Wunder ließ das Fieber bei Martha Haas nach und die Lungenentzündung heilte trotz eiskalter, aber klarer und sauberer Luft nach und nach. Das war für alle eine große Erleichterung, mussten doch jetzt der Vater und sein Freund Herrmann wieder an die Front zurück, nachdem der Fronturlaub abgelaufen war. Mit Tränen nahmen Werner und die Seinen Abschied, nicht wissend, ob sie den Vater jemals wieder sehen würden.

Nun begann der Kampf um Plätze in den von Stargard in Richtung Berlin und Chemnitz abfahrenden Zügen, die schließlich ergattert werden konnten.

In Chemnitz fanden die 3 Flüchtenden vorübergehend Unterkunft bei einer befreundeten Dame, deren Sohn Korrepetitor war und den Martha aus ihrer Zeit in Ingoldstadt kannte. Hellmut Haase wurde später Leiter der deutschen Volksmusik-Gesellschaft und danach Dirigent des Ravensburger Stadtorchesters, wo er 1987 am Dirigentenpult einem Herzschlag erlegen ist. Er war auch 1949 Dirigent bei einem der ersten Klavierkonzerte mit Werner als Solist mit dem Grieg-Klavierkonzert.

Chemnitz und die Zerstörung Dresdens

In den Chemnitzer Tagen, zwangsweise verlängert durch die Prozedur einer damals notwendigen Genehmigung für die weitere Zugfahrt nach Stuttgart, beschäftigten sich Werner und Isolde hingebungsvoll mit dem Erlernen des Sächsischen Dialektes, den sie nach wenigen Tagen perfekt beherrschten.

Seinen Freund belehrte Werner später: "Du musst nur den Unnerkiefer vorschieben und leicht durch die Zähne sprechen, dann kann dir dieser originelle Dialekt vielleicht auch gelingen".

Besonders beeindruckte Werner die erstaunliche Musikalität der Sachsen "Da pfeift ja jeder Normalbürger den ersten Satz der Mondscheinsonate auf der Straße!", stellte er bewundernd fest.

Es kam der Tag, an dem sich der Himmel über Chemnitz verdunkelte durch Britische Bomber auf dem Flug nach Dresden mit dem Ziel, eine der schönsten Städte der Welt dem Erdboden gleich zu machen. Es war der 13. Februar 1945, der sich unauslöschlich in das Gedächtnis der

Stuttgarter Familie eingegraben hat. Noch in 30 km Entfernung waren die unablässigen Bombeneinschläge zu hören, am Abend und in der Nacht sah man das Feuer der brennenden Stadt, in der über 20.000 Menschen den Tod fanden.

Nun bedrängte Martha Haas die Chemnitzer Behörden, ihr und den Kindern die Erlaubnis zur Weiterreise nach Stuttgart zu geben. Sie befürchtete einen ähnlich grauenvollen Angriff auf das noch relativ unzerstörte Chemnitz und wollte so schnell als möglich in die Heimat, da sie ja nicht wusste, ob ihr Vater und die Stiefmutter noch lebten und das Haus in der Klagenfurter Strasse erhalten geblieben war. Das gelang schließlich, nicht aber ein Platz für Isolde in einem der in Richtung Stuttgart fahrenden Züge. Im großen Gedränge auf dem Bahnhof in Chemnitz wurde sie beim Einsteigen brutal behindert, der Zug fuhr mit der Mutter und mit Werner ohne sie ab. Da stand sie nun ohne Geld und ohne gültige Fahrkarte auf dem Bahnsteig, hatte aber das Glück, wenige Stunden später einen Zug in die gleiche Richtung zu ergattern, in dem keinerlei Zugbegleitpersonal mehr war. So kam Isolde nach einigen Stunden am Hauptbahnhof Stuttgart an, wo die Mutter und Werner am Bahnsteig auf sie warteten. Sie wurden zuvor darüber informiert, dass dieser 2. Zug hier eintreffen würde und hofften natürlich, dass Isolde hatte mitfahren können, was sich dann auch bestätigte.

Wieder in der Heimat

Alle drei machten sich nun auf den Weg ins ca. 5 km entfernte Feuerbach, wo sie beim Einbiegen in die Klagenfurter Strasse erleichtert feststellen konnten, dass das heimatliche Haus den Krieg überstanden hatte, wenn auch durch nahe Bombeneinschläge stark beschädigt. Auch der Großvater war bei guter Gesundheit und hieß die Heimkehrer herzlich willkommen.

Mit der Stiefgroßmutter hatte Werner gleich einige Probleme: "Gib deiner Oma auch ein Küsschen, Wernerchen", worauf der kategorisch erklärte "Du bekommst keinen Kuss von mir, jetzt nicht und auch nicht in Zukunft!

Werner hatte von Kind an eine unverfälschte Menschenkenntnis und wusste die Menschen seiner Umgebung sehr gut einzuschätzen. Einmal beklagte sich eine Lehrerin in Schneidemühl bei seiner Mutter über die Art und Weise seiner Mitarbeit, worauf diese fragte, was er denn Böses getan hätte? "Eigentlich nichts", erwiderte die Lehrerin, "aber er schaut mich immer nur so durchdringend an". "Das ist dann Ihr Problem", sagte darauf die Mutter.

Teil III

Ein neuer Anfang

*I*n den letzten Wochen des zu Ende gehenden Krieges gab es nur noch selten Fliegeralarm, da ja amerikanische und französische Truppen schon ziemlich nahe bei Stuttgart waren. Hitler hatte befohlen, die Stadt bis zum letzten Blutstropfen zu verteidigen, was jedoch durch den damaligen mutigen Oberbürgermeister Dr. Ströhlin gegen die Verfügung der deutschen Militärbefehlshaber unter Einsatz seines Lebens verhindert werden konnte. So wurde Stuttgart den Siegermächten kampflos übergeben, wodurch viele Menschenleben gerettet werden konnten.

Amerikanische Truppen übernahmen die Stadt und verhielten sich gegenüber der Bevölkerung vorurteilslos freundlich. Oft verteilten sie Nahrungsmittel an die hungernde Bevölkerung und insbesondere an Kinder, die schnell Vertrauen zu ihnen fassten. Werner nahm eine Arbeitsstelle in einer amerikanischen Kantine an und sammelte Übriggebliebenes für seine Familie, für die er – nun schon als 14jähriger den Vater vertreten wollte. Um diesen bangten alle sehr und vermuteten ihn in russischer Gefangenschaft, er wurde jedoch nach seinem Kurzurlaub an die Front nach Frankreich versetzt und kam dort in der Nähe von Baccarat in französische Gefangenschaft. In einem Offizierslager durften die Gefangenen laut der Genfer Konvention nicht zu körperlichen Arbeiten herangezogen werden. Viele der Gefangenen starben dabei den Hungertod. Meinrad Haas jedoch tauschte seine Zigarettenrationen in Brot ein und veranstaltete mit anderen Musikern Konzertabende sowie Lesestunden, die seine Lebenskräfte mobilisierten. Eine winzige Ausgabe von Goethes Faust ist noch heute kostbarer Besitz von Isoldes Familie, auch eine Ausgabe von Rudolf Steiners "Philosophie der Freiheit" zählte zu den unschätzbar wertvollen Lektüren, mit denen er Diskussionsabende mit den mitgefangenen und daran interessierten Offiziersfreunden veranstaltete.

Miniaturausgabe des Faust von Goethe,
die Lektüre des kriegsgefangenen
Offiziers Meinrad Haas

Seine vielen Briefe nach Hause erreichten die Familie in Feuerbach erst kurz vor Weihnachten 1945. Sie wurden für die bange Wartenden zum schönsten Weihnachtsgeschenk.

Bis zu seiner Entlassung, die erst 2 Jahre nach Kriegsende in der Mitte des Jahre 1947 erfolgte, entspann sich ein reger Briefverkehr, an dem sich alle Familienmitglieder beteiligten. Werner und Isolde konnten auch wieder ihre schulische Ausbildung in Gymnasien fortsetzen. Die freie Zeit war ausgefüllt von sogenannten Hamstergängen in das bäuerliche Umland der Stadt, wo zum Glück auch einige Verwandte der Mutter im Raum Welzheim einen landwirtschaftlichen Betrieb hatten.

Werner, inzwischen im 15. Lebensjahr, hatte immer viele Freunde um sich, die die neu gewonnene Freiheit und verlorenen Jugendtage gründlich nachholen wollten. Sein stetig wachsendes Talent als Pianist verwertete er nun immer öfter auf geselligen und feuchtfröhlichen Abenden mit Freunden, die nicht unbedingt für klassische Musik zu haben waren. Er jazzte außergewöhnlich gekonnt und spielte den Freunden und Freundinnen zum Tanz auf, wobei er als "Mann am Klavier" und dazu gut aussehend, wie er war, bei den jungen Mädchen natürlich "Hahn im Korb" war.

1947 als jüngster Student
der staatl. Hochschule für Musik in Stuttgart

Jugendbild des 16-jährigen Pianisten

Einmal bat ihn die bekannte Zigeunerkapelle um Schnugenak Reinhardt, den ausgefallenen Pianisten zu ersetzen. Alle spielten völlig frei ohne jegliche Notenkenntnisse "wie der Leibhaftige", wie sich Werner bewundernd ausdrückte. Seine ebenfalls frei gestaltete Klavierbegleitung klappte auf Anhieb und die Kapelle wollte ihn sofort verpflichten, sie gegen eine gute Gage auch weiterhin zu begleiten. Das ging ihm nun aber doch zu weit, er nahm jedoch aus dieser Begegnung wichtige Erkenntnisse für eine Spielkultur mit, die dem Jazz sehr nahe war: Es war die Welt des amerikanischen Komponisten Gershwin. Seine späteren Einspielungen dieser Kompositionen werden noch heute von amerikanischen Musikfreunden zu Tausenden angefordert und wurden als unerreicht gute Aufnahme bezeichnet (James Harvey in Classic Tracks, St Louis v. März 1996)

Zur großen Sorge der Mutter kam das Erarbeiten klassischer Klavierliteratur viel zu kurz und der Umgang mit Freunden, die an dieser nicht sehr interessiert waren, gab ihr Anlass, ihre Sorgen dem Vater nach Frankreich zu schreiben.

Daraufhin kam vom Vater ein langer, bewegender Brief an Werner, in dem er ihn an seine Verantwortung für das Himmelsgeschenk seines Talents erinnerte wie auch an die große Hoffnung des Vaters, dass er eines Tages dessen großes Lebensziel – nämlich Pianist zu werden – verwirklichen wird.

Der Brief des Vaters machte auf ihn tiefen Eindruck. Er begann, intensiv über sein junges Leben und über die Dramatik der vergangenen Jahre nachzudenken und sich den Brief des Vaters wie auch dessen schweres Schicksal in einem Gefangenenlager zu Herzen zu nehmen. Schon einmal, vor 2 Jahren, konnte er den Vater mit dem Gewinn eines ersten Preises bei einem Wettbewerb überzeugen, dass er es ernst meinte mit seiner Berufung als Pianist. Nun wollte er wiederum des Vaters Vertrauen bestätigen.

Jüngster Student der Musikhochschule Stuttgart

So meldete er sich – jetzt 16jährig – kurz entschlossen zum Vorspiel und zur Aufnahme als Student bei der Stuttgarter Musikhochschule an und wurde danach vom Professoren-Konsortium und von der bekannten Professorin für Klavier Lilly Kroeber-Asche sofort als damals jüngster Student zum Hochschulstudium zugelassen.

Prof. Kroeber Asche, eine bekannte konzertierende Künstlerin, stellte nach dem Vorspiel lakonisch fest "Du willst also Pianist werden? Nun, das Zeug dazu hast Du"! Das war gewissermaßen der Ritterschlag für seine Zukunft als Konzertpianist. Diese kleine und flinke Professorin war nämlich bekannt und gefürchtet für ihre äußerst kritischen Beurteilungen pianistischer Darbietungen und brachte manchen Studenten an den Rand der Verzweiflung. "Wernerchen", wie sie ihn zeitlebens nannte und auch sofort nur mit "Du" anredete, hatte jedoch dank seines überragenden Könnens bei ihr sofort einen "Stein im Brett" und war auch in späteren Jahren oft einige Tage gerngesehener Gast bei Lilly Kroeber-Asche und ihrem Mann, Professor Guido Waldmann in Trossingen. Dort leitete Prof. Waldmann die Musikhochschule. Beiden spielte er dann das Programm von Klavierabenden vor, die kurz danach stattfanden. Lilly war auch bekannt und angesehen durch ihr Mozartspiel auf dem Cembalo, wofür sie ihren Lieblingsschüler aber nie begeistern konnte Das zahlte sie ihm dann mit gleicher Münze zurück, wenn er – angeregt durch seinen späteren Lehrer Prof. Walter Gieseking – Klavierkompositionen von Debussy und Ravel in seine Klavierabende aufnahm. "Du mit Deinen komischen Franzosen" spöttelte Lilly so manches Mal, war aber dann doch beeindruckt, als er sie mit den großen Schallplatten-Preisen für die Gesamteinspielungen der Debussy- und Ravel Klavierwerke überraschte.

Dieser Wechsel in die Musikhochschule Stuttgart hatte natürlich den sofortigen Austritt aus dem Gymnasium zur Folge. Er sah keinen Sinn mehr darin, noch weitere 2 - 3 Jahre im Gymnasium "herumzusitzen", um ein für ihn nutzloses Abitur abzulegen: "Sprachen kann ich immer lernen und auf die anderen Fächer, die mir nur die Zeit zum Klavierspielen nehmen, kann ich getrost verzichten". Das war auch ganz im Sinne der Eltern, die seinen

Entschluss zum Eintritt in die Musikhochschule freudig begrüßten.

Zur Freude des fernen Vaters änderte sich der jugendliche Freundeskreis von Stund an grundlegend. Menschen, die sich nicht für klassische Musik interessierten, zählten fortan nicht mehr zum engeren Freundeskreis. Freundschaften mit Hochschulstudenten, im besonderen mit dem Geiger Ferdinand Mezger verbanden ihn durch gemeinsame musische Interessen, die später auch zu kammermusikalischen Auftritten führten. Ferdinand Mezger kam über den Weg als Mitglied des Stuttgarter Kammerorchesters und danach als Konzertmeister des kurpfälzischen Kammerorchesters zu den Berliner Philharmonikern unter Herbert von

Jugendbild des Studienfreundes Ferdinand Mezger

Karajan, wo er auch als Mitglied eines aus diesem Orchester gegründeten Oktetts Werner Haas bei verschiedenen Plattenaufzeichnungen begleitete. (Diese engen Freundschaftsbande halten weit über Werners Tod hinaus noch bis zum heutigen Tag).

Mit großem Ernst und im Bewusstsein der Verantwortung, die er mit seiner Entscheidung zum Hochschul-Studium übernommen hat, begann Werner, sein bereits umfangreiches Repertoire an klassischen Klavierwerken sukzessiv zu erweitern. Nicht selten hörte man den 16-Jährigen 6-8 Stunden täglich beim Einstudieren dieser Werke, wofür ihm zunächst nur ein Klavier zur Verfügung stand.

In diese Zeit fiel dann auch der lang ersehnte Augenblick: Der geliebte Vater wurde aus der französischen Gefangenschaft entlassen und die Familie war nun wieder vollzählig.

Der Vater erhielt eine Stelle als Studienrat in der Steinbeiss-Gewerbe-schule und beschloss als erste wichtige Handlung den Kauf eines Schied-mayer-Flügels mit Bankdarlehen, das er durch seine Anstellung bekommen hatte. Endlich hatte Werner wieder ein Instrument zur Verfügung, mit dem er die zahlreichen einstudierten Klavierwerke dem Vater und dem engeren Freundeskreis vorspielen konnte.

$\mathcal{E}$rst im Jahr darauf – 1948 – trat Werner als Konzertpianist in die Öffentlichkeit und spielte mit dem Hochschulorchester das E-Dur Klavierkonzert von Mozart unter der Leitung seines Studienfreundes Wilfried Emmert, der zur gleichen Zeit die Dirigentenklasse der Stuttgarter Musikhochschule besuchte. (Emmert wurde Jahre später Generalmusikdirektor des Kaiserslauterner Opernorchesters).

Dieses erste öffentliche Konzert wurde in einem kleinen Musiksaal seiner Heimatstadt veranstaltet, in dem nur ca. 150 Personen Platz fanden. Es war ein Mehrzweck-Saal, der nach dem Krieg neu gebaut worden war und den Namen "Jahn-Singsaal" erhalten hatte. Der Name von "Turnvater Jahn" musste aus unerfindlichen Gründen dafür herhalten. In den achtziger Jahren wurde dieser Saal abgerissen, im gleichen Karree der Bismarkschule errichtete man eine große Sporthalle und integrierte in diesen Bau einen Raum für konzertante Aufführungen, der dann den Namen "Werner-Haas-Saal" erhielt. An dieser Stelle ist noch zu erwähnen, dass später auch in einem Neubaugebiet seiner Heimatstadt eine Strasse nach ihm genannt wurde.

„Werner Haas-Saal"

Obwohl der erste Oberbürgermeister der Stadt Stuttgart nach dem Krieg, Dr. Arnulf Klett, als häufiger Gast im Hause des Pianisten Stimmbildungs-Unterricht bei Martha Haas nahm (in Zusammenarbeit mit der Stuttgarter Schauspielschule hat Martha Haas mit Unterrichtsstunden für Sänger und

„Werner Haas-Weg"

Schauspielschüler begonnen und sich sehr schnell einen herausragenden Namen bei bekannten Künstlerpersönlichkeiten wie Elinor Junker-Giesen, Mila Kopp, Maria Koppenhöfer, Günther Strack und vielen anderen, wie auch bei Persönlichkeiten der Öffentlichkeit gemacht) hat seine Heimatstadt zeitlebens herzlich wenig zur Karriere des heranreifenden Pianisten beigetragen.

Sportliche Aktivitäten

In seiner Gymnasialzeit schon war Werner bekannt als außerordentlich guter Kurzstreckenläufer. Noch vor Beginn seines Studiums an der Musikhochschule trat er in die "Sportvereinigung Feuerbach" ein, die damals und auch heute noch einen sehr guten Namen innerhalb der Sportgemeinschaften Groß-Stuttgarts hatte und hat. Zusammen mit seinem Sportsfreund und Vetter Bernhardt Oechsner lief er bei den bekannten Stuttgarter Stadtläufen mehrere Jahre nacheinander auf den kurzen Strecken (100 m) mit Stabübergabe und konnte dann auch stets bei den Siegesfeiern als Mitglied der besten Staffel den Siegerpreis von OB Klett in Empfang nehmen.

Die siegreicher Stadtlauf-Mannschaft mit OB Klett und Werner Haas (ganz rechts)

Der Pianist beim Hürdenlauf

Damit aber nicht genug. Es war bezeichnend für ihn, dass er seine Schnelligkeit im Besonderen bei Hürdenläufen einsetzte. Als 1948 ein Turnier der württembergischen Jugend unter 18 Jahren in Waiblingen bei Stuttgart stattfand, verpasste er den Bus von Fellbach nach Waiblingen und rannte im Laufschritt die ca. 5 km lange Strecke, um gerade noch rechtzeitig zum Start des Hürdenlaufes anzutreten. Prompt gewann er diesen Lauf und damit zu seiner großen Freude den Siegerpreis der württembergischen A-Jugend.

Vielseitig wie als Pianist waren auch seine sportlichen Betätigungen. Viele Jahre nacheinander absolvierte er die verschiedenen Disziplinen für das sogenannte Leistungsabzeichen nahezu mühelos und spielte auch eine Zeitlang in der ersten Mannschaft der Tischtennisabteilung, mit der er einmal zusammen mit seinem Freund und späteren Schwager, seinem Biographen, zum Aufstieg in eine höhere Klasse beigetragen hat.

Sein natürliches heiteres Wesen und sein beispielloser Humor, der sich schon in der Zeit der Schneidemühler Evakuierung in seinen Briefen an seine Schwester Isolde nach Heringsdorf zeigte, offenbarte sich des öfteren in Gedichten und Sketchen, die er selbst verfasste. Als langjähriges Mitglied des Feuerbacher Kirchenchores, den der Vater als Dirigent nach seiner Rückkehr von der Gefangenschaft wieder ins Leben rief und mit seiner Frau Martha und Tochter Isolde als Solistinnen der Sopran- und Altpartien namhafte Kirchenkonzerte veranstaltete, waren Werner und sein Freund Johannes für die Sparte Sketche und Faschingsfeste zuständig. Seine Rolle war die der verschmitzten schwäbischen Kultfigur "Häberle" in den originellen Zwiegesprächen mit dem stets begriffsstutzigen "Pfleiderer". Ihre

Sketch „Häberle & Pfleiderer"
(W. Haas und J. Sautter)

Clownerie mit dem Jugendfreund Hans Huder

einfallsreichen Texte in Gedichtform führten zu Lachsalven und großem Beifall des stets vollen Saales mit begeisterten Zuhörern.

Unvergessen war auch sein Auftreten als Weißclown in Faschingszeiten.

Einmal verfolgte er als solcher einen vollen Straßenbahnwagen in einem langen Nachthemd und gestikulierte heftig mit dem Fahrer. Dabei trat er auf das Nachthemd und fiel der Länge nach direkt in eine Pfütze, was bei den Fahrgästen und beim Fahrer Heiterkeitsausbrüche verursachte. Die Straßenbahn hielt an, um diesen lustigen Kerl mitzunehmen, was von ihm jedoch nicht beabsichtigt gewesen war.

Ministerialrat Dr. Heinz Krämer schildert dem Biographen ein Erlebnis mit dem Pianisten aus dieser Zeit, in der Krämer selbst noch Student in Tübingen war und dort mit den bekannten Kempa-Buben

Handball spielte. Als Mitglied der Sportvereinigung Feuerbach wollte die Handballabteilung einen Sketch spielen und suchte dafür einen Klavierspieler. Dazu Dr. Krämer:

"Ein interessanter Fall":
Die Episode ist fürwahr leichtgewichtig in der Lebensgeschichte unseres Pianisten, und doch so typisch für seine freundliche Humanitas.

Es muss 1948 gewesen sein. Im Sport und durch seine Schülerkonzerte war er mir bekannt. Immerhin stand er schon im Rufe eines guten Klavierspiels. Er war 7 Jahre jünger als ich, der Student zu Tübingen, der am Wochenende bei der Sportvereinigung im Feuerbachtal Handball spielte.

Für eine Faschingsfeier meiner Handballer war ein musikalischer Sketch mit einem guten Klavierspieler geplant. Im Saal des Gasthofes "Zum schönsten Wiesengrund" sollte das über die Bühne gehen. Ich nahm mir ein Herz , stand an der Glastüre der Klagenfurter Str. 57 , fragte, und bekam eine spontane Zusage, bevor Werner noch wusste, was da auf ihn zukam.

Im Sketch war der Ort der Handlung der Hörsaal der Psychiatrie einer Universität. Der Professor, den ich zu mimen hatte, orientierte seine Studenten über einen "interessanten Fall": Über den Sprachverlust seines jungen Patienten. Das war Werners Rolle in Lederhosen und Janker, wie damals üblich. In Ermangelung der Sprache hatte der Patient dem Professor jeweils mit Anfängen von bekannten Liedern zu antworten. Dafür hatte man ein Klavier in den Hörsaal gestellt.

Die Sache ging flott. Bei den Angaben zur Person hatten wir anfangs bei der Probe einige Schwierigkeiten. Werner kannte nämlich das Lied als Antwort auf die Frage nach der Mutter nicht; da war vorgesehen: "Mei Muatterl war a Wienerin", ein Lied aus der Schrammelmusik. Aber seine Mutter, die renommierte "Gräfin Mariza" auf Stuttgarter Bühnen, sang es ihm vor – verbunden mit einem kleinen Exkurs in die KuK Operette.

Beim Volksliedgut, das bei Werner auch schon modern angekränkelt war, hat wohl Vater Meinrad erfolgreich Nachhilfe gegeben. Viele Liedanfänge gaben deutliche Anhaltspunkte für Leben und Psyche des "Patienten". Der orgelte munter drauflos und erzählte musikalisch, wann er "ans

Brünnele" ging und warum er dort nicht trank, und wie er vor lauter "Badenka und Klee" – i han jo koi Schätzle meh ". Und warum er immer "zum Städtele naus" walzte. Dieses Lied kannte Werner sehr gut, obwohl es damals noch nicht von Elvis Presley populär gemacht worden war.

Als Professor suchte ich tunlichst, eine musikalische Aussage aus dem "Patienten" heraus zu kitzeln. Das klappte ganz gut: "Bald gras ich am Necker", "Am Brunnen vor dem Tore", "Sah ein Knab ein Röslein stehn" waren reelle Aussagen, mit denen der Psychologe etwas anfangen konnte, insonderheit "Lustig ist das Zigeunerleben, faria faria ho" war ihm aufschlussreich. "Hab oft im Kreise der Lieben" und "Das Lieben bringt bringt groß Freud" ließen Rückschlüsse auf das Gemütsleben des "Patienten" zu.

Wenn der "Patient Werner" etwas nicht verstand, intonierte er "Ich weiß nicht, was soll es bedeuten" so schön, dass nicht nur der Dichter der Loreley, Heinrich Heine, sondern auch der, der sie gültig vertont hat, Friedrich Silcher, ihre helle Freude daran gehabt hätten.

Bei der Aufführung war die Sache rundum eine Freude. Werner ließ die Volkslieder perlen in klassischem Gewand, mit entzückenden Paraphrasen und kunstvollen Girlanden. Einmal schon hüpften quirlige Synkopen von seiner Klaviatur im Stil von George Gershwin's "Rhapsody in Blue", wenn der junge Mann am Klavier, an Johannes Heesters erinnernd, nonchalant schmunzelnd "den Klang des gespielten Klavieres " der schäbigen Bierorgel entlockte:

"Man müsste Klavier spielen können, wer Klavier spielt, hat Glück bei den Frau'n …"

Man hörte Feuerbacher Damen flüsternd schwärmen:

Des war jetzt aber Klassik vom Feinschten – so wia mir's megat …"

Zu seinen sportlichen Ambitionen während seiner Studienzeit zählte auch das Tischtennisspiel, bei dem er es zu einer bemerkenswerten Meisterschaft brachte.

Eine Zeitlang spielte er – wie bereits erwähnt – zusammen mit seinem Freund Johannes in der ersten Mannschaft der Sportvereinigung Feuerbach, die in dieser Zeit eine Klasse höher hinaufrückte. Sein Arzt Dr. Gisbert

Husemann allerdings riet ihm von dieser Sportart ab: "Das ist nichts für einen Pianisten, das ist doch ein Spiel für Insekten!", meinte er, hatte jedoch mit diesem Rat keinen großen Erfolg bei Werner. (Wenige Monate vor dem verhängnisvollen 11. Oktober 1976 riet ihm derselbe Arzt aber auch, für seine Konzertreisen die Bahn oder das Flugzeug zu wählen. "Auf den Straßen passieren doch so viele Unfälle und auch Pianisten sind davor nicht gefeit". Der anthroposophisch orientierte Arzt hatte oftmals Eingebungen, die ihn schicksalhafte Ereignisse vorausahnen ließen).

Dr. Gisbert Husemann

In den kargen Nachkriegsjahren hungerten kunstinteressierte Menschen nach anspruchsvollen musikalischen Veranstaltungen, die oftmals in Ermangelung geeigneter Konzerträume in noch erhaltenen Kinosälen stattfanden.

Mit dem bekannten Stuttgarter Operntenor und Wagnersänger Wolfgang Windgassen war Martha Haas eng befreundet und trat in dieser Zeit gemeinsam mit ihm bei Liederabenden auf, oft am Flügel begleitet von Werner. Mit Erich Ponto und Elisabeth Herdegen, die klassische Gedichte deklamierten, wurden ebenfalls gemeinsame Abende gestaltet, bei denen Martha Haas Liederzyklen von Hugo Wolf und Franz Schubert sang, die Werner von Kindheit an besonders liebte. Diese Liedbegleitung prägte später sein Klavierspiel, von dem Kritiker im Besonderen den "singenden Ton" seines Anschlages bewunderten.

Nach einem seiner ersten Klavierkonzerte mit seinem Studienfreund Winfried Emmert, der zur gleichen Zeit als Dirigent in der Musikhochschule ausgebildet wurde und später als Generalmusikdirektor das Orchester der städt. Oper Kaiserslautern übernahm, spielte er das erste Klavierkonzert mit dem Studenten-Orchester. Es war Mozarts KV 449.

Wenig später folgte, ebenfalls in kleinerem Rahmen, das bekannte Grieg-Klavierkonzert unter der Leitung von Helmut Haase, vor dem bereits aus den Tagen der Flucht über Chemnitz berichtet wurde.

Teil V

Mit Dr. Hörner und den Stuttgarter Philharmonikern

So nahte die Zeit seiner ersten großen Auftritte als Konzertpianist, die mit zwei denkwürdigen Jugendkonzerten im Stuttgarter Gustav-Siegle-Haus und mit den Stuttgarter Philharmonikern unter Dr. Hans Hörner am 16. und 17. Sept. 1955 begann. Nach einer Ouverture von Offenbach spielte Werner Haas das berühmte b-moll-Klavierkonzert von Peter I. Tchaikovsky.

Der Erfolg bei den überwiegend jugendlichen Zuhörern war überwältigend.

Stehend applaudierend verlangten sie vom Pianisten eine Zugabe. Auch am 2. Abend war der Konzertsaal restlos ausverkauft.

Einer der bedeutendsten Stuttgarter Rezensenten, Erich Herrmann, schrieb danach: ..."Trotz seiner Jugend darf man Werner Haas getrost als

Meisterpianisten bezeichnen. Man glaubt, das vielgespielte Werk kaum so überwältigend, so hinreißend gehört zu haben wie von diesem jungen Pianisten." (Erich Herrmann kannte sehr wohl die Einspielung des jungen amerikanischen Pianisten van Cliburn, der mit diesem Werk bei einem Moskauer Wettbewerb den ersten Preis erhielt und von Chruschtschow mit einem Kuss auf die Stirne "geehrt"und damit berühmt wurde. Nicht weniger vertraut war dem Stuttgarter Kritiker die Einspielung des weltberühmten Pianisten Vladimir Horowitz). In der besagten Rezension war weiter zu lesen: "Das, was man Technik nennt, die Klarheit der Passagen, die Exaktheit der Oktavenläufe , hat mancher andere auch. Und auch dem Willen, diese Musik seelisch auszuschöpfen, wird man immer wieder begegnen. Was das Besondere, das Große am Spiel von Werner Haas ausmachte, war die absolute Einheit von Werk und Wiedergabe, wie sie immer nur dann da ist, wenn der Interpret selbst die absolute Einheit von Technik und Ausdrucksgestaltung erreicht hat. Die wiederum ist nur möglich, wenn auf der Grundlage völliger Gelöstheit des Organismus ein stark empfindender Musiker sich technisch ungehemmt wirklich voll auszusprechen, seine Intensionen restlos zu verwirklichen vermag. Werner Haas hatte diese Gelöstheit des Organismus, er hat das stark empfindende Musikertum und selbstverständlich die grandiose Technik. Er hatte jene Tongebung, dem das schwebendste Piano ebenso erreichbar ist wie das dröhnendste, klingendste Fortissimo, wie man es in den letzten Jahren ähnlich nur von Shura Cherkassky gehört hat. Und er hat – in diesem Fall – auch die Beziehung zum Wesen slawischer Musik, zu den auflodernden Feuern Tschaikowsky'scher Kompositionen wie zu ihrer fast Schumann'schen Lyrik. Es war alles, was in dieser Musik steckt, ohne Rest da – ein Erlebnis, das zu den stärksten gehört, die man im Konzert haben kann. Die jungen Zuhörer im Siegle-Haus spürten das Besondere dieser Leistung und feierten den Künstler durch langandauernde Ovationen, bis sich Werner Haas zu einer Zugabe entschloss".

Wenige Wochen später, am 01. November 1955 folgte der erste große Klavierabend im gleichen Saal mit Werken von Mozart, Schubert, Chopin, Debussy und Prokofieff.

1. Klavierabend im Gustav-Siegle-Haus

Nach dem großen Erfolg des Tschaikowsky-Klavierkonzerts wollte Werner Haas dem heimischen Publikum, insbesondere aber auch den anspruchsvollen Rezensenten der Vaterstadt mit diesem breiten Spektrum von Kompositionen seine in vielen Jahren in aller Stille erarbeitete Interpretationskunst und Werktreue vor- und zur Debatte stellen.

Nun, die Reaktion der Zuhörer im wiederum vollen Konzertsaal glich derjenigen der Teilnehmer an den vorangegangenen beiden Jugendkonzerten: Obwohl das Programm weit über 2 Stunden beansprucht hatte, wurde eine Anzahl Zugaben gefordert – ungewöhnlich für das erste Auftreten eines 24-jährigen Pianisten aus Stuttgart! Und die mit großer Spannung erwarteten Kritiken in den Tagesblättern, die ohne Frage von großer Bedeutung für seinen weiteren künstlerischen Lebensweg waren – wie werden sie ausfallen?

Auch an dieser Stelle stellt der Biograph einige Rezensionen ungekürzt dar   *(Stuttgarter Zeitung, 03.11.1955)*:

Klavierabend Werner Haas

Es ist wahrlich nicht schwer, dem jungen Pianisten Werner Haas, der an der hiesigen Musikhochschule Schüler von Lili Kröber-Asche war und dem Walter Gieseking den letzten Schliff gab, eine große Zukunft voraus-zusagen. Er hat an einer Vortragsfolge, die alle möglichen Stile umfasste, gezeigt, dass er außergewöhnlich begabt ist. Damit soll nicht nur seine ausgezeichnete, glasklare Technik gemeint sein; junge Klavierspieler, die hervorragend spielen, gibt es in unserem Zeitalter der Hypertrophie der Technik nicht selten. Aber Werner Haas ist ein Vollblutmusiker. Schon eine delikat gespielte Mozart-Sonate (F-Dur KV 332) ließ aufhorchen. Sein Bestes aber gab er in der größten Sonate von Schubert, der nachge-lassenen in B-Dur. Er verdient schon allein dafür Lob, dass er sie auf das Programm zu setzen wagte. Gespielt hat er sie bewundernswert; das Werk ist mit seinen weitgeschwungenen Bögen, mit seinen immer wieder aufs neue hervorquellenden melodischen Einfällen sehr schwer zu gestalten. Man merkte, mit welcher Liebe sich der Künstler in jede einzelne Phrase versenkt hat, und doch verlor er sich nicht in Einzelheiten, alles floss in natürlichem Zug dahin. Zugute kommt ihm noch seine fein nuancierte Anschlagstechnik – jede Taste singt unter seinen Fingern, selbst das stärkste Forte klingt nie aufdringlich. Sein Spiel ist Poesie. Hier zeigt sich deutlich der Einfluss Meister Giesekings. Chopin spielt Werner Haas männlich herb und klar, ohne Gesäusel, ohne Verwischungen und Verzerrungen. In kleineren Werken von Debussy folgte er mit gutem Gelingen den Spuren seines Lehrers. An der 7. Sonate von Prokofieff zeigte er sein enges Ver-hältnis zur Musik unserer Zeit. Die Zuhörer freuten sich dieser neuen Erscheinung im Konzertsaal und dankten mit herzlichem Beifall". w.b.

Es war also alles in allem eine durchaus wohlwollende Kritik mit einigen be-merkenswerten Passagen: "Jede Taste singt unter seinen Fingern" soll daraus hervorgehoben werden, und diese Feststellung wurde Zeit seines Lebens in allen Rezensionen als unverwechselbares Kennzeichen seiner Interpretations-kunst erwähnt. Dabei sei nochmals auf die Zeit seiner Kindheit und die star-ken Eindrücke durch den Liedgesang seiner Mutter Martha hingewiesen.

Anders verhält es sich mit dem Vergleich seiner Debussy-Interpretation mit seinem damaligen Lehrer Walter Gieseking, den auch die Pariser Presse in einem Interview erwähnte und dabei auf das Lehrer/Schüler-Verhältnis hingewiesen hat. Aber sein Debussyspiel war eben nicht vergleichbar mit dem Spiel Giesekings, und er äußerte sich selbst in diesem Interview wie folgt:

"Aber ganz so einfach liegt der Fall nicht. Ich habe Debussy schon mit 16 Jahren zu spielen begonnen und mich seitdem immer besonders für seine Musik interessiert. Gieseking habe ich in seinen Meisterkursen, bei denen er immer ungefähr zehn Schüler und 30 zuhörende Kursteilnehmer um sich versammelte, auch Debussy vorgespielt und ich darf sagen, dass er nie etwas Grundsätzliches daran zu bemängeln gehabt hat. Aber ich kam immer mit fertig ausgearbeiteten Stücken bei ihm an!"

Später war von Schülern zu hören, dass Gieseking bei einem der Vorspiele seine Version derjenigen von Werner Haas gegenüber stellte und seine Schüler dann fragte, welche dieser beiden Auffassungen ihnen besser gefiele. Als daraufhin die Mehrzahl der Schüler sich für die Haas'sche Interpretation entschied, sagte der Meister ohne Groll "Nun, da bin ich wohl überstimmt, spielen Sie weiter so, Herr Haas!"

Mit dem Altmeister war Werner Haas bis zu dessen Tod am 28. Okt. 1955 freundschaftlich verbunden. Versehen mit Glücks- und Erfolgswünschen schickte ihm dieser sämtliche Rezensionen, in denen auch der Name Walter Gieseking erschien. Die Presseagentur hatte er damit beauftragt, Werner Haas erhielt auf diese Weise auch Rezensionen nach Konzerten im Ausland, die ihm sonst nicht ohne weiteres zugänglich waren.

Seine Liebe und Treue zu Walter Gieseking zeigte sich auch durch Besuche seiner Ruhestätte in Saarbrücken.

An der Grabstätte Walter Giesekings

Nochmals soll an das denkwürdige erste große Klavierkonzert am 01.11.1955 erinnert werden. Es gab da nämlich weitere interessante Rezensionen, von denen diejenige in der ALLGEMEINEN ZEITUNG für Württemberg vom 03.11.1955 wörtlich zitiert werden soll:

"Ungewöhnlicher Erfolg eines jungen Stuttgarter Pianisten"

Es ist erst 1 ½ Jahre her, seit der aus Feuerbach stammende Nachwuchs-spianist Werner Haas an der hiesigen Musikhochschule die Prüfung der künstlerischen Reife bestand. Was damals noch keimhaft verhüllte Andeutung großangelegter, aber noch nicht voll entfalteter Möglichkeiten war, ist nun zu herrlicher Blüte gediehen. Der Klavierabend, den die Süddeutsche Konzertdirektion mit Werner Haas veranstaltete, wird im Leben des jungen Künstlers das sein, was für Toscanini jene denkwürdige Aida-Aufführung in Brasilien gewesen ist: Die erste Stufe seines Aufstiegs zu höchstem künstlerischen Ruhm! Werner Haas hat den für eine wirklich künstlerische Entwicklung gar nicht einmal langen Zeitraum, der zwischen seiner Abschlussprüfung und diesem Klavierabend lag, zur Vervollkommnung seiner Technik und seiner menschlich-musikalischen Persönlichkeit so intensiv genutzt, dass wir selbst bei schärfstem kritischem Zuhören keine einzige schwache Seite an seinem Spiel finden konnten.

Von welchem Pianisten der jüngeren Generation hört man heute noch Mozart in einer so glasklaren, locker und perlend-delikaten Wiedergabe, die gleichzeitig so warm empfunden und mit echt Mozart'scher tiefsinniger Heiterkeit gestaltet ist? Oder wann hört man von einem jüngeren Pianisten einmal eine der herrlichen Sonaten von Franz Schubert? Werner Haas gelang es, die weit gespannten Melodiebögen der B-Dur-Sonate op. posth. mit dem großen Atem seines tiefen musikalischen Empfindens zu umfassen, und die himmlischen – uns oft nicht mehr ganz himmlisch erscheinenden – Längen, vor allem im Andante, mit unerhört vielseitiger und farbiger Gestaltungskraft mit intensivem Leben zu erfüllen. Einen der Höhepunkte des Abends bildeten die 3 Stücke von Chopin (Ballade As-Dur, Nocturne e-moll, Scherzo b-moll): die herrlich flimmernden,

nur unaufdringlich mit einem leichten Schleier verhüllten Chopin'schen Tonkaskaden, die echt empfundene Versenkung in die tiefe polnische Schwermut des Nocturne, der sprühend übermütige, doch immer stilecht elegante Humor im Scherzo – wer spielt ihm das nach?
Superlative kann man leider nicht mehr steigern! Man müsste es, um der Wiedergabe der vier nach der Pause gespielten Stücke von Claude Debussy gerecht werden zu können. Oder soll man die unerhörte, doch schon so selbstverständlich erscheinende Präzision, die scharf profilierte Formgestaltung in der Sonate Nr. 7 von Prokofieff bewundern?
Robert Schumann, der große deutsche Komponist und Musikjournalist, riet den Rezensenten, vor den Großen der Musik die Degenspitze zu senken und zu salutieren:

Tun wir es!"

Das waren fürwahr Rezensionen über die ersten großen Klavierabende und -Konzerte, die sowohl Ansporn wie auch Verpflichtung für den jungen Pianisten bedeuteten. Er war bestrebt, an jedem der folgenden Klavierabende wie auch -Konzerte neue Programme zu spielen und so sein ohnehin schon umfangreiches Repertoire kontinuierlich zu erweitern. Werke von Katschaturian, Kabalevsky, Stravinsky, Prokofieff, Mussorksky und Bartok waren die von ihm bevorzugten Komponisten des 20. Jahrhunderts, während er sich mit den Werken moderner deutscher Komponisten (Hense, Stockhausen, Honegger, Hindemith Orff, Blacher z.B.) nicht anfreunden konnte.

So schrieb er am 15. Febr. 1969 an das Goethe-Institut Nancy auf dessen Wunsch, u.a. ein Werk eines zeitgenössischen deutschen Komponisten (Stockhausen) im Rahmen eines Klavierabends am 14.01.1970 in Nancy zu spielen: "Meine Abneigung gegen Ihren Vorschlag, ein Werk eines zeitgenössischen deutschen Komponisten auf das Programm zu setzen, ist allerdings so groß, dass ich fast lieber auf unser ganzes Vorhaben verzichten würde, als mich dem Studium eines solchen Werkes zu unterziehen." …

Ebenso konnte er später Vorschläge seiner Plattenfirma Philips zur Einspielung von Kompositionen, die ihm nicht gefielen, kategorisch ablehnen.

In diesem Zusammenhang wird ein weiteres Schreiben des Pianisten vom 07. April 1975 an seinen Förderer und Freund Igor B. Maslowski, der ihm zuvor Noten der Variationen von Georges Bizet mit dem Vorschlag zur Platteneinspielung zugesandt hatte, hier wörtlich wiedergegeben:

"Lieber Igor, ich habe diese Variationen von Bizet verschiedene Male durchgespielt und kann nur finden, dass das äußerst schwache Stücke und niemals zum Leben zu erwecken sind. Schon das Thema ist banal, aus einer chromatischen Tonleiter lässt sich nichts machen. Es gibt vielleicht 2 bis 3 Zeilen, die in manchen Variationen nach schlechtem Chopin klingen, manchmal auch, als würde man im Klavierauszug von Perlenfischer herum klimpern. Aber selbst diese paar Stellen klingen auf dem Klavier nicht.

Mich wundert das, denn ich habe einmal gehört oder gelesen, Bizet sei ein phantastischer Pianist gewesen. Aber das "Moderne" habe ich nirgends gefunden, das sind nur ein paar spröde Wendungen, die durch das Thema bedingt sind.

Auf jeden Fall würde ich so etwas niemals spielen! Ich weiß nicht, ob Du dabei wirklich an eine Platte gedacht hast? Aber so etwas kauft doch wirklich kein Mensch!

Jedenfalls schicke ich Dir die Noten wieder mit Dank zurück."

Über seine große Liebe zu den beiden französischen Impressionisten Debussy und Ravel wurde im Zusammenhang mit den Schallplattenpreisen für die integrale Aufzeichnung beider Gesamt-Klavierwerke bereits eingangs gesprochen. Im gleichen Atemzug zu nennen wären die Werke Skrjabins und natürlich Chopins, dessen Walzer und Etüden werkauthentisch nahezu unvergleichbar eingespielt wurden.

Nochmals sei an das Gespräch mit seinem Freund Maslowski (S. 4) am Unfalltag erinnert, der auf die Rezension in der New Yorker Highfidelity aus dem Jahre 1960 hingewiesen hat: "Die Aufzeichnung der 24 Etüden von Chopin durch den deutschen Pianisten Werner Haas ist eine pianistische Sensation und bei der Wiedergabe von 14 Chopin-Walzern folgt ein Höhepunkt nach dem anderen, die erregendste Auflage seit Dinu Lipatti".

Umso unverständlicher ist es, dass die Produktionsgesellschaft Philips diese Aufzeichnungen ebenso wie 15 Toccaten aus 3 Jahrhunderten und Mendelssohns "Lieder ohne Worte" kommentarlos aus dem Verkehr genommen hat. Kommerz tötet Kunst – ist wohl die vereinfachte Formel für die Entscheider der Plattenproduzenten.

Über die Romantik bis zurück zur Klassik gab es für Werner Haas keine Einschränkungen hinsichtlich seiner ständigen Erweiterung des Repertoirs. Die Klavierabende variierten stets; äußerst selten wurden Programme wiederholt.

Der Pianist Dinu Lipatti (1917-1950)

Besondere Höhepunkt waren Klavierkonzerte, die nach dem großen Erfolg mit dem Tschaikowsky- Klavierkonzert in b-moll 1955 folgten.

Zunächst waren es die Stuttgarter Philharmoniker unter Dr. Hans Hörner, die den Pianisten zu zahlreichen weiteren Konzerten in vielen Städten Süddeutschlands verpflichteten. Es entstand eine sehr harmonische, musische und persönliche Freundschaft mit diesem liebenswerten Dirigenten bis zu dessen Verpflichtung zum Chefdirigenten eines Tokioer Orchesters, wo er fünf Jahre später am 08. Mai 1968 dem für ihn unverträglichen Klima in Japan erlegen ist.

Sein Nachfolger in Stuttgart war Alexander Paulmüller, der die Konzertreihe mit Werner Haas fortsetzte.

Führende Orchester in England, Holland, Frankreich und in der Schweiz wie auch das Oktett der Berliner Philharmoniker mit dem langjährigen Freund Ferdinand Mezger sowie die Berliner Symphoniker wurden nach den beispiellosen Erfolgen seiner Klavierkonzerte auf ihn aufmerksam und engagierten den Stuttgarter Pianisten zu Konzerten und

71

Schallplatten-Einspielungen. In all diesen Jahren spielte Werner Haas folgende Klavierkonzerte:

- Beethoven Nr. 1 C-Dur op. 15
- Beethoven Nr. 2 B-Dur op. 19
- Beethoven Nr. 3 c-moll op. 37
- Beethoven Nr. 4 G-Dur op. 58
- Beethoven Nr. 5 Es-Dur op. 73
- Brahms Klavierquintett f-moll op. 34
- Mozart F-Dur KV 271
- Mozart Es-Dur KV 449 (Beim Label Dabringhaus & Grimm erhältlich!)
- Mozart F-Dur KV 459   (Beim Label Dabringhaus & Grimm erhältlich!)
- Mozart d-moll KV 466
- Mozart c-moll KV 491
- Schumann a-moll op. 54
- Schumann Introduktion in G-Dur op. 92
- Schumann Introduktion in D-Dur op. 134
- Liszt Es-Dur Nr. 1
- Chopin e-moll Nr. 1
- Grieg Klavierkonzert a-moll
- Tschaikovsky Nr. 1 b-moll op. 23   (Beim Label Philips erhältlich!)
- Tschaikovsky Nr. 2 G-Dur op. 44   (Beim Label Philips erhältlich!)
- Tschaikovsky Nr. 3 e-moll op. 75   (Beim Label Philips erhältlich!)
- Tschaikovsky Konzert Fantasy op. 56 (Beim Label Philips erhältlich!)
- Tschaikowsky Andante u. Finale op. 79 (Beim Label Philips erhältlich!)
- Rachmaninoff fis-moll op. 1
- Rachmaninoff c-moll op. 18
- Rachmaninoff d-moll op. 30
- Rachmaninoff g-moll op. 40
- Rachmaninoff Rhapsodie d-moll op.3
- Ravel in G-Dur
- Ravel in D-Dur für die linke Hand
- Mendelssohn Klavierkonzert op 26 g-moll
- Mendelssohn Klavierkonzert op 40 d-moll

- Mendelssohn-Bartholdy Klaviersextett op. 110 D-Dur
- Mendelssohn-Bartholdy Piano-Quartett op. 3 h-moll
- Scrjabin Klavierkonzert op. 20
- Dvorak Klavierquintett op. 81 A-Dur
- Gershwin Rhapsody Nr. 2 F-Dur
- Gershwin Variationen zu "I got Rhythm"
- Poulenc Konzert für Klavier und Orchester (1950)

Oft waren es nervenaufreibende Reisen im eigenen Fahrzeug.

So fuhr er am 25. August 1965 nach Berlin, wo 3 Tage später das Chopin-Klavierkonzert Nr. 1 e-moll mit den Berliner Symphonikern unter Leitung des Dirigenten Kurt Brass zu spielen war.

Nach Braunschweig passierte er die Grenze zur damaligen DDR mit ihren Schikanen gegen Westdeutsche; er war daher streng darum bemüht, die dortigen Verkehrsregeln zu beachten und die rechtzeitige Ankunft in Westberlin zum Konzerttermin nicht zu gefährden.

In der Mitte der DDR-Durchfahrt stand am rechten Straßenrand der Autobahn ein Ford Transit-Fahrzeug mit westdeutschem Kennzeichen, dessen Fahrer ihn um Hilfe bat: Es wäre notwendig, sein Fahrzeug nach Westberlin abzuschleppen, weil der Motor defekt sei.

Trotz des bevorstehenden Konzerttermins und der Gefahr, dass der eigene Wagen wegen nicht ausreichender Motorisierung bei diesem Schlepp selbst einen Motordefekt erleiden könnte, erklärte sich der Pianist mit dem Abschleppwunsch des westdeutschen Fahrers einverstanden und erreichte schließlich nach langsamer Fahrt die Grenze zu Westberlin. Zuvor jedoch fand die übliche Kontrolle beider Fahrzeuge statt, wozu zunächst die jeweiligen Ausweise einbehalten und im Büro der Volkspolizei kontrolliert wurden. Während dieser Zeit gebärdete sich der Fahrer des Fort-Transit-Fahrzeugs äußerst nervös und gestand schließlich dem Nothelfer aus Stuttgart den Grund seiner Nervosität: Er hatte den Motor, der sich zwischen Fahrer- und Beifahrersitz unter einer Blechhaube befand, ausgebaut und an dieser Stelle seine Frau, die aus Ostberlin stammte und keine Ausreisegenehmigung erhalten hatte, platziert.

Mit großer Selbstbeherrschung bemühte sich Werner Haas, den übernervösen Mann zu beruhigen und nicht durch sein Verhalten das Misstrauen der ostdeutschen Grenzer hervorzurufen. Er machte ihm klar, dass auch er als Fluchthelfer verurteilt werden würde, wenn sie diese unter der Motorhaube versteckte Frau entdeckten.

Schließlich beruhigte sich der Fahrer des Kombifahrzeugs und vermied so eine gründlichere Durchsuchung seines Fluchtwagens.

Nach diesem Vorfall benützte Werner Haas zu Reisen nach Berlin nur noch ausschließlich Flugzeuge, nachdem er später feststellen musste, dass diese Art der Flucht aus der Zone auch in Illustrierten Zeitungen zu lesen war. Möglicherweise hat der Fahrer des Fluchtwagens diese abenteuerliche "Ausreise" seiner Frau einer illustrierten Zeitung verkauft. So konnte es nicht ausgeschlossen werden, dass der Pianist als Fluchthelfer verurteilt worden wäre, wenn er nochmals mit seinem Fahrzeug die DDR Zone passieren würde.

So befolgte er nun doch den Rat seines Arztes Dr. Gisbert Husemann, der ihm dringend empfohlen hatte, zu Konzertreisen die Bahn oder das Flugzeug zu benutzen. Vorausschauend hatte er die erheblichen Gefahren auf der Straße erkannt, die den Pianisten schließlich durch die Verkettung unglücklicher Umstände am 11. Oktober 1976 das Leben kosteten.

Eindrucksvoll und nachhaltig aber gestaltete sich sein pianistisches Wirken; seine Klavierabende wie auch Klavierkonzerte begeisterten die Zuhörer wie die Rezensenten gleichermaßen. Von diesen im Besonderen wurde er stets in eine Reihe mit den großen Interpreten seiner Zeit gestellt. Die vorliegende Aufzeichnung einer Rundfunksendung nach Erscheinen seiner später mit dem Grand Prix du Disque ausgezeichneten Gesamteinspielung der Debussy-Werke soll nun in der Folge ungekürzt wiedergegeben werden:

Interpreten im Vergleich

- Debussy – Klavierwerke mit den Pianisten
- Werner Haas
- Jörg Demus
- Artur Rubinstein
- Walter Gieseking
- Friedrich Gulda
- Vladimir Horowitz

Über Jahre haben sich weder Produzenten noch Interpreten der deutschen Schallplattenindustrie darum gekümmert, dass der deutsche Plattenmarkt mit adäquaten Aufnahmen der Klavier-Musik von Claude Debussy und Maurice Ravel versorgt wird. Über die epochale Bedeutung beider Komponisten und Ihrer Klavierwerke, die entscheidend zur Entwicklung der musikalischen Sprache im 20. Jahrhundert beigetragen haben, brauchen keine weiteren Worte verloren zu werden.

Das Gesetz der Serie scheint auch hier zu walten, da nach ereignislosen Jahren nun gleich mehrere Aufnahmen auf den Markt kommen. Phonogramm, die Vertriebsgesellschaft der Deutschen Philips und der österreichischen Firma Amadeo, macht über ihren Auslandsdienst eine Aufnahme von Debussys Klavierwerk zu zwei Händen zugänglich, die unbedingt eine deutsche Ausgabe verdient hätte. Interpret ist WERNER HAAS, der in Frankreich bekannter ist als in seinem Heimatland Deutschland, besonders da die Philips bisher nur zwei Chopin-Platten (14 Walzer und 24 Etüden, der Verfasser) mit Werner Haas unter dem Label "Fontana" herausgebracht hat.

Werner Haas, Jahrgang 1931, hat von 1947 bis 1954 an der Musikhochschule Stuttgart bei Lilli Kröber-Asche studiert und seine Ausbildung bei Walter Gieseking abgeschlossen. Nach den ersten großen Erfolgen in Paris kamen auch bald die ersten Schallplattenaufnahmen, und bereits 1960 die Debussy-Einspielung, die mit dem Grand Prix du Disque der Akademie Francaise ausgezeichnet wurde. 1964 folgte die Aufnahme des Klavierwerkes von Maurice Ravel, die in diesem Herbst auch in einer deutschen Ausgabe erscheint, zugleich mit einer Aufnahme der beiden Klavierkonzerte. Wenn die Debussy-Einspielung nicht ins deutsche Repertoire aufgenommen wird, so wahrscheinlich, um nicht einem anderen Unternehmen den Start zu erschweren: Jörg Demus nämlich hat bei der Firma Amadeo eine tatsächlich komplette Aufnahme des zweihändigen Klavierwerkes von Debussy begonnen. Während die französische Philips und Werner Haas mit 5 Platten auskamen, ist die Aufnahme bei Amadeo auf acht Platten angelegt. Die Werke werden in chronologischer Reihenfolge über die 16 Plattenseiten verteilt, und es sind sowohl die "Images" von 1894 als auch die "Page d'album" und die originale Klavierfassung der Ballettmusik "La boite a joujoux" eingespielt worden bzw. vorgesehen. Von der bei Amadeo projektierten Gesamtaufnahme sind bisher die Platten 1, 2 und 4 erschienen, und es soll monatlich eine weitere Platte herauskommen. Ob dahinter besondere künstlerische und editorische Sorgfalt oder vorsichtiges Abtasten der Marktchancen steht, darüber lassen sich nur Vermutungen anstellen.

Die chronologisch letzten Werke, die von Demus bis jetzt vorliegen, sind die Suite "Childrens corner" von 1906 - 1908 und die "Images", 2. Buch, aus dem Jahr 1907.

Im Frühjahr hat Friedrich Gulda mit der Musikproduktion Schwarzwald, unter deren Label "MPS-Records" die frühere Firma Saba firmiert, einen auf 3 Jahre befristeten Exklusivvertrag für Solo-Aufnahmen abgeschlossen. Der Unterzeichnung folgten bald die ersten Taten: Gulda spielte unter anderem die 24 Preludes von Debussy ein, die wie kein zweites Werk Debussys pianistische Satzkünste und die Universalität seiner Klangvorstellungen bezeugen.

Den Beginn unseres Vergleichs aber sollen die Aufnahmen der früheren Werke mit Werner Haas und Jörg Demus machen. In der "Suite Bergamasque" die noch unter den verschiedenartigsten Einflüssen um 1890 entstand und 1905 überarbeitet herausgegeben wurde, finden sich Merkmale, die zum Klischee vom Impressionisten Debussy nicht passen wollen, wiewohl sie immer wiederkehren, zuletzt ganz ausgereift in der klassizistischen Haltung der "Etudes" von 1915: nämlich die Besinnung auf die Kunst der französischen Clavecinisten und von Johann Sebastian

Bach. Im Prelude der Suite verbinden sich die Imitation barocker Ornamentik mit moderner Freiheit in Melodie und Harmonik. Das von Debussy geforderte Rubato meint also die improvisatorische Freiheit, nicht aber die expressive Gebärde der deutschen Musik des 19. Jahrhunderts etwa.

Hören Sie, wie Werner Haas bewegt und mit leichter Hand präludiert und hören Sie danach, wie Jörg Demus das Rubato vergleichsweise mit heftigem Ausdruck einsetzt:

Es folgt das Vorspiel der Aufnahmen Suite Bergamasque, Péludes

- Werner Haas, Philips 836 810 DSY
- Jörg Demus, Amadeo AVRS 130 027 St

Interessant ist der Vergleich mit der früheren Aufnahme von Demus, worin er das Rubato zwar ähnlich verstanden hat, aber doch sehr viel rascher und schlanker spielt und damit den Charakter der imitierten Improvisation durchaus noch trifft:

Debussy: Suite Bergamasque, Preludes
- Jörg Demus, DG 138 663 SLPM

In diesen ersten Beispielen bereits treten Tendenzen in Auffassung und Vortrag zutage, die sich weiterverfolgen lassen. In dem vernutzten "Claire de Lune" aus der Suite, worin sich zum ersten Mal Debussys unvergleichliches Sensorium für den sphärischen Wert von Klängen zeigt, da werden die Ansätze der Interpreten noch deutlicher. Haas spielt tatsächlich "Andante trés expressif", womit wiederum innere Bewegung und nicht subjektiver Ausdruck gemeint ist. Demus zerdehnt die melodische Linie, er versteht das "trés expressiv" im Sinne deutscher Romantik, und das Piece hört sich an wie ein Lied ohne Worte. Achten Sie bitte darauf, wie bei Demus im Gegensatz zu Haas das melodische Geschehen in den Vordergrund tritt und das übrige Klanggeschehen zur Begleitung, zur Füllung degradiert wird, während bei Haas umgekehrt die melodische Linie eher die

Funktion als konstruktive Stütze des klanglichen Geschehens zugewiesen bekommt. Sie hören einen Ausschnitt aus dem Mittelteil des Stückes, zuerst mit Werner Haas, dann mit Jörg Demus:

Debussy: Suite Bergamasque, Claire de Lune
- Werner Haas, Philips 836 810 DSY
- Jörg Demus, Amadeo AVRS 130.027 St.

Die ältere Aufnahme von Demus, auf die wir hier nicht näher einzugehen brauchen, ist insgesamt dynamisch und rhythmisch differenzierter, und sie wirkt auch pianistisch ein wenig unangestrengter. Auffallend ist in allen bislang vorgelegten Aufnahmen der neuen Edition von Demus die ungewöhnlich starke Pedalisierung, aus der gemeinsam mit einem kräftigen Hall ein pastoser Klavierklang resultiert. Dagegen sticht der Klang von Werner Haas und der französischen Philips stark ab, und zwar durchaus vorteilhaft. Haas macht sehr sparsamen Gebrauch vom Pedal, was nicht allein der Leuchtkraft des einzelnen Tones oder Akkordes zugute kommt. Es wirkt sich aus auf die Klarheit der Strukturen, auf die federnde Leichtigkeit und kapriziöse Behendigkeit der Rhythmen.

Die Vermutung, dass Demus gegenwärtig eine etwas unglückliche Beziehung zur Klaviermusik Debussys hat, wird in der Suite "Childrens Corner" eher bestätigt als entkräftigt. Hier sind die bis etwa 1907 erreichten Entwicklungen des Debussyschen Stils in Kleinformat gebracht, des virtuosen Raffinements und der übergroßen Schwierigkeiten entkleidet. Demus spielt die eröffnende Parodie auf die klassische Geläufigkeitsetüde, "Doctor Gradus ad Parnassum" weich und melodiös, statt ihre leerlaufende Motorik und ihre im klassischen Sinn harmonische Fehlerhaftigkeit herauszukehren. Demus gibt stark Pedal, was dem Charakter des Stückes zuwider ist. Breit und langsam, ein wenig schwer geht diese Kleinkunst einher, man möchte sagen teutonisch. Hören Sie, wie in Demus neuer Aufnahme im Gegensatz zu der älteren die zarten Stakkoto-Figurationen in "The Snow is Dancing" im Pedal ertrinken, und beachten Sie, wie delikat und zugleich flüssig dieses kleine Stück bei Haas klingt. Zunächst also der Anfang in der neuen, dann in der älteren Aufnahme von Demus:

Debussy: Childrens Corner, The Snow is Dancing
- Jörg Demus, Amadeo, AVRS 130 029 St
- Jörg Demus, DG 138 663 SLPM

Debussy: Childrens Corner, The Snow is Dancing
- Werner Haas, Philips 836 807 DSY

Die "Images" 2 aus dem Jahre 1907 sind das chronologisch letzte Werk, welches bisher in der neuen Gesamtaufnahme mit Jörg Demus vorliegt. Debussys Stil ist gereift, und nach den Images kommen praktisch nur noch die großen Zyklen, die Preludes und die Etüdes. Das strahlend schöne Schußstück der "Images", "Poissons d'or", eine der berühmten Wasserpiecen Debussys, erklingt bei Demus wohl schön gebunden, aber da werden Agogik und Tempokontrast so stark und unmotiviert eingesetzt, dass der Fluss des Stückes permanent gehemmt wird. Der Mittelteil "Capricieux et souple", kapriziös und geschmeidig, wird einfach zu langsam genommen. Eine Aufnahme mit Artur Rubinstein zeigt, dass sich Demus da nicht in der schlechtesten Gesellschaft befindet. Allerdings ist Rubinsteins Aufnahme im Konzertsaal entstanden, was nervöse Übersteigerungen bis zu einem gewissen Grade entschuldigt. Hören Sie nun den Beginn von "Poissons d'or" zunächst mit Jörg Demus, dann mit Artur Rubinstein:

Debussy: Images II, Poissons d'or
- Jörg Demus, Amadeo AVRS 130 029 Sr
- Artur Rubinstein, RCA LSC 2605-B

Werner Haas' Aufnahme hat nicht nur das ausgewogenste Klangbild, sondern auch eine geschmeidige Phrasierung und differenzierte Dynamik. Es ist interessant zu beobachten, wie organisch die Formabschnitte ineinander übergehen, ohne dass der Duktus unterbrochen oder viel Gestus gewechselt würde. Haas spielt die melodische Linie Rubato, ohne sie emotional aufzuladen; und das gilt für seine Debussy- und Ravel-Interpretation generell stets distanziert und versteht die musikalischen Vorgänge niemals

als Medium für individuellen Ausdruck. Hören Sie nun den Anfang von
"Poissons d' or" mit Werner Haas:

Debussy: Images II, Poissons d'or
- Werner Haas, Philips 836807 DSY

Ein endgültiges Wort über das Unternehmen von Demus und der Amadeo
lässt sich natürlich nicht sagen, ehe nicht die gesamte Aufnahme vorliegt.
Doch soviel kann man nach immerhin schon drei von acht Platten sagen:
Demus hängt offenkundig überholten Vorstellungen von Klangnebeln
und Klangschleiern Debussyscher Klaviermusik nach, und er neigt dazu,
spezifische Ausdrucks-Charaktere aus der deutschen Musik des 19. Jahrhunderts auf Debussys Klaviermusik zu projizieren.

Die "Preludes" stellen, obwohl sich Ungleichwertigkeit nicht leugnen
lässt, den Kosmos von Debussys Klavierstil dar und zählen zu den Gipfeln
der abendländischen Klaviermusik, durchaus vergleichbar den Goldberg-
Variationen von Bach, den Diabelli-Variationen von Beethoven und den
Preludes von Chopin. Kein Pianist, er sei denn übermenschlich begabt,
wird ihre Vielfalt in jedem Augenblick optimal darstellen können. Zu
groß für einen ist die Spannweite der musikalischen Sphären, worin sie
sich bewegen. Wir greifen zunächst das zweite Stück des ersten Bandes,
"Voiles", heraus.

Es bietet wie kaum ein anderes Gelegenheit, zu demonstrieren, wie genau Debussy sein Material und seine Stilmittel kalkuliert, um gerade die
die klangliche Sphäre abzustecken, die das jeweilige Prelude ausschreitet.
Zugleich bietet es Gelegenheit, die Verschiedenheit der Stile und Temperamente von Friedrich Gulda und Werner Haas zu zeigen und sie ihrerseits
mit dem legendären Debussy-Interpreten Gieseking zu vergleichen, da,
wo er seine große Stärke hat. Die subtile Schattierung der Klangwerte,
die Art, wie er Pedal gibt und die Basslinie zur bewegten Klangfläche
verschmilzt, über der die Diskantmotive zu schweben scheinen, bestätigt
die Legende von seinem unvergleichlichen Klangsinn. Wie wenig das mit
Verschwommenheit und falschem Impressionismus zu tun hat, mag ein
Rückblick auf die Aufnahme von Jörg Demus zeigen. Gieseking fasst gegen

Ende der Voiles die quasi glissando zu spielenden Arpeggien tatsächlich als sphärisches Moment auf. Demgegenüber lässt Werner Haas im Ganzen die Basslinie zurücktreten, pedalisiert wenig und legt das Prelude, für ihn bezeichnend, auf analytische Klarheit, auf raschen Fluß und pianistische Eleganz an. Die Arpeggien im Schlußteil, wiewohl leuchtend klar im Ton, treten kräftig auf und nehmen der Diskantlinie etwas von ihrer Kontur.

Gulda endlich nimmt sich des Stückes mit einer überraschenden Behutsamkeit an und spielt es bei weitem am langsamsten. Es bestechen die wohlüberlegte Stufung der Figuren, die Ausgewogenheit der Stimmen, wobei auch hier den Arpeggien die Funktion als sphärische Komponente zugewiesen ist. Im zentralen Glissando allerdings hört man deutlich den Handwechsel und in den Arpeggien ganz kleine Unebenheiten. Hören Sie nun nacheinander "Voiles" mit Werner Haas und Friedrich Gulda

Debussy: Preludes I, 2. Voiles
- Walter Gieseking, Angel 35 066
- Werner Haas, Philips 836 809 DSY
- Friedrich Gulda, MPS-Records, MPS 52001/I

In Preludes wie dem 8. des ersten Bandes, "La fille au cheveux de lin" oder "Bruydres", dem 5. Prelude des zweiten Bandes, wo die melodische Linie vorherrscht und daher auch stärkere Bewegung aushält, wirkt Gulda am persönlichsten und auch überzeugendsten. In beiden Fällen spielt er bewegter, intensiver und, bringen wir das bei Debussy an sich unangebrachte Wort zur Sprache, beredter als Haas. Seine fast hektischen Rubati und Schwellungen wie die sich daraus ergebenden Innenspannungen gehen an die Grenzen dessen, was diese Musik verträgt, ohne dass sie umschlägt in eine expressive Ausdruckssprache. Haas orientiert sich mehr an der Douceur, die Debussy hören will, und legt seine Interpretation auf gleichmäßigen Fluss an. Sie ist, verglichen mit Gulda, stilreiner, aber auch ein wenig unpersönlicher. Überhaupt hat der unprätentiöse Stil von Werner Haas, der bescheiden hinter das Werk zurücktritt und es mit Präzision, formaler Schlüssigkeit und Kohärenz hält, seine Kehrseite in der Gefahr von unpersönlicher Eleganz.

Sie hören nun "Bruyéres" mit Werner Haas und danach mit Friedrich Gulda:

Debussy: Preludés II, Nr. 5, "Bruyéres"
- Werner Haas, Philips 836 810 DSY
- Friedrich Gulda, MPS-Records, MPS 52 001/II

Vergleicht man Guldas Aufnahme der Preludes "Bruyéres" mit derjenigen von Vladimir Horowitz, so wird deutlich, wie Guldas Bewegtheit und sein Emotionales sich wohl in einer expressiven Geste zeigen, wie diese jedoch zugleich in Distanz gerückt und objektiviert erscheint. Horowitz scheint das Stück ähnlich wie Haas von Beginn an objektiv als einzigen Inhalt seiner Darstellung zu sehen, bringt dann aber bei aller Kühle plötzlich eine Artikulation ins Spiel, die an Chopin denken lässt. Ehe Sie die vorherigen Interpretationen aus dem Ohr verloren haben, hören Sie das Prelude "Bruyeres" mit Vladimir Horowitz.

Debussy: Préludes II, Nr. 5 "Bruyéres"
- Vladimir Horowitz, CBS 72 180

Wofür Gulda insgesamt ein wenig der Sensus abgeht, das sind allerdings so manche Eigenarten von Debussys Klaviermusik, die sie so unverwechselbar und kostbar machen. Der kapriziöse Witz und die geistvolle Heiterkeit so mancher Preludes kommen im tiefen Ernst von Guldas Auffassung und Interpretation zu kurz, und mehr als eine Passage leidet unter seinem kraftvollen Zugriff. Die Intensität, welche die melodischen Linien auszeichnet, hat auf der anderen Seite mitunter Stauungen des melodischen Flusses und übergroße Spannungen in den fragilen Formen zur Folge. Die Aufnahme bezieht ihre Reize vor allem aus der Reibungswärme, die sich beim Zusammenstoß zweier kaum verträglicher Temperamente ergibt. Bedauerlich jedoch ist, dass Gulda und seine Aufnahmepartner sich nicht die Mühe gemacht haben, an erheblichen Ungenauigkeiten und Eigenwilligkeiten leidende Preludes noch einmal einzuspielen, so etwa "Le vent dans la plaine", "Les Sons et les Parfums tournent dans l'air du soir" und "Feux d'artifice".

Werner Haas' Interpretation der Preludes ist im Vergleich mit Gulda kühl und analytisch angelegt. Haas geht von ganz präzisen klanglichen und formalen Vorstellungen aus, nie von möglichen Inhalten emotionaler und auch nur malerischer Art. Und er hat sowohl Leichthändigkeit, Sensibilität und Eleganz, die erforderlich sind, um seine Auffassung von einem ganz und gar latinisierten Debussy in klangliche Gestalt umzusetzen. Die "Etüdes" aus dem Jahr 1915, in denen Debussys Stil endgültig gehärtet und zur absoluten musikalischen Sprache geworden ist, haben in dem Pianisten Werner Haas ein kongeniales Temperament gefunden. Sie hören den Beginn der Etude Nr. 12, "Pour les accords"

Debussy: Etudes, Nr. 12 "Pour les Accords"
- Werner Haas, Philips 836 808 DSY

Ende der vorhandenen Aufzeichnungen.

Nach über 30 Jahren konnten die Sender in München und Stuttgart, die dafür in Frage kamen, nicht mehr den Namen des Autoren dieser Interpretations-Vergleiche feststellen. Der musisch gebildete Leser wird jedoch unschwer erkennen, dass eine exzellente Kenntnis der beschriebenen Werke die Voraussetzung solcher Vergleiche war, die in einem dieser Sender veröffentlicht wurde.

Im Erdgeschoss seiner Wohnung in der Klagenfurter Str. 57 in Stuttgart-Feuerbach ist alles so geblieben, wie

*Wohnhaus des Pianisten
in Stuttgart- Feuerbach*

Schlafstatt des Künstlers

Sein Arbeitsplatz am Steinway-Flügel

es zuvor gewesen ist – seine Schlafstatt mit dem Christus-Bild von Da Vinci.

Hier das Schreibzimmer mit dem schönen alten Bücherschrank und dem Schreibtisch im gleichen Stil, von dem aus er seine Post und alle schriftlichen Arbeiten selbst erledigte und schließlich das große Musikzimmer mit Rembrand-Stichen (u.a. dem Tausend-Gulden-Blatt) und mit dem geliebten Steinway-Flügel.

Ein von ihm aufbewahrter Schriftsatz unbekannten Ursprungs offenbarte trefflich sein Verhältnis zu diesem Instrument:

"Mein Freund Steinway"
Träume sind Schäume, heißt es doch. Aber nicht immer. Einer meiner schönsten Träume ist heute Wahrheit geworden. Wie durch ein Wunder bekam ich heute die Erlaubnis, noch einmal auf ihm zu spielen. Wie oft bin ich an dem großen Schulgebäude

vorbeigegangen, in dem er steht hinter dicken Mauer und Fenstern, verschlossen, unerreichbar. Jedesmal sah ich ihn wieder vor mir in Gedanken, so wie ich ihn vor zwei Jahren verlassen musste. Wie war das doch an jenem Abend vor zwei Jahren gewesen?

Es ist kurz vor 8 Uhr, der große Saal ist voll besetzt. Eine festliche Stimmung und Beleuchtung herrscht hier. Spannung liegt förmlich in der Luft. Wir, die wir an diesem Programm beteiligt sind, bibbern vor Aufregung und können es nicht lassen, hinter dem Vorhang ab und zu einen Blick auf die Bühne zu werfen. Denn die Perspektive von hier aus ist hinreißend. Auf dem spiegelblanken Parkett steht er, groß, schwarz, glänzend und weit geöffnet. Er wirkt wie ein König auf seinem Thron. Ihm zu Füssen sein Volk. Seine Tasten schimmern in einem fast durchsichtigen Weiß. Majestät der schwarze Flügel ist bereit, es kann losgehen. Die anderen haben mit meinem tönenden Freund nichts zu schaffen, darüber bin ich fast froh.

Im Saal wird es dunkler, das Programm kann beginnen. O Fürst Steinway, hoffentlich geht alles gut! Ich nehme auf dem Klavierhocker Platz, meine Finger zittern etwas, aber als ich seine kühlen Tasten berühre, ist alles Lampenfieber der Welt verschwunden.

Jetzt ist er mein Freund, meine Hände und seine Tasten verstehen sich gut miteinander.

Das Stück klappt heute abend wie noch nie zuvor. Er mag Sonaten; das weiß ich. Diese hier entströmt ihm in Form von wunderbaren, klaren Tönen. O, wie ich ihn in solchen Augenblicken liebe! Oft schon habe ich Fürst Steinway zum Sprechen gebracht, aber in einer so traumhaften Klangfülle wie heute abend hat er mir noch nie vorher geantwortet. Er spürt offenbar auch diesen höchsten Moment, der uns alles ringsum vergessen lässt und uns eine Sonate lang in die Traumwelt der Musik entführt. Noch nie war dieser Moment so nah, so deutlich wie bei diesem Stück. Als ob mein Freund Steinway wüsste, dass es heute Abend das letzte Mal ist.

So hat es vor zwei Jahren geendet. Aber es war doch nicht das letzte Mal. Was sind zwei Jahre Trennung gegen einige Stunden solchen Glücks? Ich habe ein seltsames Kribbeln in den Fingern, als hätte ich noch nie auf einem Flügel gespielt.

Leise schleiche ich in den dunklen, etwas vermummt wirkenden Saal. Alles ist genau noch wie früher. Mein Freund steht in der linken Ecke der Bühne, fest umhüllt von einer blauen Plastikplane. Jetzt muss er wohl seine stillen Träume für einen Nachmittag unterbrechen. Rasch nehme ich ihm die Plane ab. Aber was ist das – fassungslos starre ich ihn an. Steinway – mein Freund – Wie siehst du aus? Was haben sie mit dir gemacht – du bist ja heruntergekommen wie ein altes Tingel-Tangel-Klavier! Kaum zu glauben, dass dieses matte, verstaubte Instrument mit seinen unzähligen Kratzern und Schrammen das schwarze glänzende Tonwunder von damals sein soll! Ich klappe den Deckel auf und schlage einige Akkorde an. Das Ergebnis schmerzt mich bis ins Innerste. Verschwommen und kaum hörbar dringen einige Klagelaute an mein Ohr. Armer Freund – was für Misshandlungen musstest du über dich ergehen lassen! Man sollte nicht glauben, dass es Leute gibt, die es einfach fertigbringen, einen so wunderbaren Flügel derart zuzurichten, ohne hernach über ihre Untaten in Tränen auszubrechen. Musikalisches Gefühl ist heute anscheinend zum Teil der Brutalität gewichen, vor allem bei der jüngeren Generation. Mein Freund Steinway ist in einem beängstigenden Zustand mitgenommen und verstaubt. In der nächsten Viertelstunde wimmert er mir seine Leidensgeschichte vor. Es scheint mir, als erkenne er mich wieder. Ich streichle seine inzwischen etwas gelb gewordenen Tasten zärtlich mit meinem schönsten Anschlag und der "Träumerei" von Robert Schumann, die er immer so gerne mochte.

Allmählich lässt er sich trösten, und seine Lebensgeister kommen zurück. Das Schmerzliche in seiner Antwort lässt immer mehr nach. Seine verstaubte Heiserkeit nimmt immer mehr ab. Erst nach und nach greife ich wieder richtig in die Tasten. Ich will ihm nicht weh tun, denn auf ihm wurde genug herumgehackt. Endlich – bei den Chopin-Stücken – überwindet er das letzte Fieber. Alle Scheu fällt von ihm ab. Fürst Steinway strahlt wieder auf in diesem tönenden Glanz.

Geschafft – er lebt wieder – er ist wieder zu sich gekommen! Ich lasse mich gerne von seinen klaren, wunderbaren Klängen ins Reich der Musik – in diese träumerischen Tonphantasien entführen. Wie fern und unwichtig ist doch jetzt alles Bedrückende, es ist, als würde die Zeit für eine Weile stillstehen! Jeder Moment ist Musik – und so ein Moment ist schöner als ein sonniger Morgen. Jetzt nur jedes Zeitmaß vergessen – nur noch spielen – spielen – spielen …

Zärtlich träume ich meinem Freund über die Tasten. Er nimmt meine musikalischen Gedanken auf, teilt sie mir mit und gibt sie in Form von wundervollen Harmonien wieder. Ich kann sie nicht beschreiben, diese tiefe Verbundenheit zwischen Fürst Steinway, der Musik und meinem Gefühl. Nur mein tönender Freund vermag das alles auszudrücken, was ich keinem Menschen anvertrauen könnte! Ich glaube, er mag meine Kompositionen, auch wenn sie lange nicht so gut sind wie die von Schubert, Chopin und den anderen großen Meistern. Aber ich liebe ihn, und das scheint er zu spüren. Denn er lässt die Stücke in den leuchtendsten Farben aufstrahlen, bis zum letzten Schussakkord! Gibt es überhaupt ein Instrument, das ich so lieben kann wie einen Flügel?

Aber leider vermag die schönste Musik nicht die Uhr anzuhalten.

Jetzt kommt der endgültige Abschied – machen wirs wenigsten kurz, wenn es schon nicht schmerzlos geht –! Leb wohl, mein Freund, ich vergesse dich niemals – kann ich auch nicht mehr zurückkommen! Aber jedesmal, wenn ich Klaviertasten berühre, wird mir ein sanfter Schauer über den Rücken rinnen – die Erinnerung an dich!

Sorgfältig decke ich ihn wieder ab und verlasse leise und mit bleischwerem Herzen den Saal.

In seiner Dokumentenmappe, in der Werner Haas die für ihn wichtigsten Schriftstücke aufbewahrte, lag auch dieser Aufsatz, über den er nie gesprochen hat. Seinen Steinway-Flügel liebte er über alles. Viele Stunden am Tag brachte er ihn zum Klingen und achtete sorgsam auf gute Stimmung, die er manchmal auch selbst korrigierte. Spuren seines Lebens sind noch heute – viele Jahre nach seinem Tod – in jedem Winkel seiner schlicht und geschmackvoll eingerichteten "Klause" – wie sie treffend von seinem Freund Maslowski bezeichnet wurde – zu finden.

Das schöne Instrument wird regelmäßig gestimmt, es finden oft auch kleine Hauskonzerte statt, wie beispielsweise von seinem Freund Matthias Kellig, der Anfang der siebziger Jahre seine Künstlerreifeprüfung in der Musikhochschule Stuttgart ablegte.

Pianistin Hideyo Harada

In dieser Zeit arbeitete er oft mit Werner Haas und bereitete sich so auf diese Prüfung vor. Heute ist Matthias Kellig Professor der Musikhochschule Detmold und leitet dort die Klavierklasse.

Frohmut Scherer absolvierte gleichfalls die Stuttgarter Musikhochschule in der Klasse für Querflöte und unterrichtete später zahlreiche Schüler als Lehrerin der freien Musikschule Stuttgart in diesem Fach. Auch sie zählt zum musischen Freundeskreis von Werner Haas und war nicht wenig erstaunt, als sie auf Ihren Urlaubsreisen nach Indien in New Dehli einen indischen Musiker kennen lernte, der sie nach Ihrem Heimatort fragte. Als er hörte, dass Frohmut aus Stuttgart komme, fragte er spontan, ob sie denn den Pianisten Werner Haas kennen würde, dessen Plattenaufnahmen er besäße und ihn zu den führenden Pianisten seiner Generation zählte. Dass Frohmut auch noch mit dem Pianisten befreundet ist, konnte der indische Musikliebhaber kaum fassen.-

Die in Berlin lebende japanische Pianistin Hideyo Harada konnte sich schon in den Jahren ihres Studiums in Tokio Einspielungen von Werner Haas erwerben. (In diesem Zusammenhang sei darauf hingewiesen, dass noch über 30 Jahre nach seinem Tod mehr als 10.000 CDs von Werner Haas alljährlich von Philips-Decca nach Japan geliefert werden). Hideyo Harada war auf Anhieb von der hohen Anschlagskunst des Pianisten, vom unvergleichbaren Klangsinn und der federnden Leichtigkeit seines Klavierspiels hingerissen. Wer nun die Einspielung von Hideyo Harada aus dem Jahr 2008 mit den reizvollen lyrischen Stücken von Eduard Grieg hört, wird schnell die Verbindung finden zum Spiel von Werner Haas, insbesondere zu seiner Interpretation der "Lieder ohne Worte" von Felix Mendelssohn-Bartholdy. Interpreten wie Werner Haas, Hideyo Harada, Grigory Sokolov und Krystian Zimerman spielen mit einfühlsamer seelischer Empfindung und abhold jeder Effekthascherei von extrem schnell gespielten Passagen, die Nachwuchs-Pianisten mit mehr oder minder großem Erfolg in ihr Spiel einfließen lassen.

Hideyo Harada, eng befreundet mit Isolde und Johannes, hatte nach einem der häufigen Telefongespräche ca. 1 Jahr vor Erscheinen dieser Biographie die Absicht geäußert, im Mozartsaal der Stuttgarter Liederhalle zum 80. Geburtstag von Werner Haas einen Klavierabend zu veranstalten. Das, sagte Hideyo, wäre für sie eine Ehre, die sie mit großer Freude wahrnehmen möchte. Sie hat mit der Einspielung der oben erwähnten lyrischen Stücke von Edvard Grieg weltweite Resonanz gefunden, ist in ihrem Heimatland ein gefeierter Star und wird zunehmend auch in Europa als bedeutende Pianistin unserer Zeit wahrgenommen.

Veranstaltungen zur Erinnerung an Werner Haas fanden nicht nur im kleinen Kreis durch Hauskonzerte in seinem Musikraum, sondern auch offiziell in diversen Konzertsälen statt. So wurde zur Einweihung des Werner Haas – Saales in seiner Heimatstadt durch klavierspielende Schüler seines

Gymnasiums ein Gedächtniskonzert veranstaltet und dort ein Reliefbild des Geehrten vorgestellt, das der in seinem Heimatland hoch geachtete Mailänder Künstler Alessandro Nastasio gestiftet hat. Auch dieser Maler und Bildhauer zählt zu dem engen Freundeskreis der Familie Werners.

Bei besagtem Konzert fiel ein damals 14-jähriger Schüler- Roderich Scheel – durch seine hervorragende Interpretation der Chopin – Polonaise A-Dur op 40.1 den Zuhörern und insbesondere Isolde und Johannes auf und blieb im Gedächtnis haften. An ihn erinnerten sich beide ca. 30 Jahre später, als er zusammen mit seinem Freund Heinz Dellert plötzlich vor der Glastüre im Haus des Pianisten stand und CD's von Werner zu erhalten wünschte. Auch diese beiden liebenswerten Menschen bereichern seitdem den Freundeskreis von Isolde und Johannes.

Zum 25 Todestag von Werner Haas veranstalteten Jugendpreisträger der Musikschule Romuald Noll, Stuttgart, in einem Konzertsaal der LBBW in der Stuttgarter Königstrasse einen Klavierabend mit Werken von Bach bis Prokofieff, das bei den zahlreichen Besuchern einen nachhaltigen Eindruck hinterlassen hat. Auch zum 30. Todestag 2006 waren Preisträger, darunter auch Landes- und Bundessieger der Klavierklasse Romuald Noll, die Protagonisten im vollen Festsaal der Stadthalle Stuttgart-Feuerbach. Ihre bemerkenswert gekonnt vorgetragenen Stücke der klassischen Klavierliteratur fanden wiederum begeisterten Beifall und veranlassten später die Leitung der Stuttgarter Musikschule unter Federführung von Romuald Noll, 2010 eine Stiftung mit der Bezeichnung ins Leben zu rufen, um

JUNGES KLAVIERPODIUM WERNER HAAS

JUNGES KLAVIERPODIUM WERNER HAAS

dadurch die Erinnerung an den großen Sohn der Stadt nachhaltig wach

Wenn Sie, verehrte Konzertbesucher, heute Abend einem Meisterpianisten zuhören, werden Sie im Konzertprogramm lesen, in welchem Alter er mit dem Klavierspiel begonnen, bei wem er studiert und welche Wettbewerbe er gewonnen hat, bis schließlich Publikum und Kritiker auf ihn aufmerksam wurden. Doch was lag zwischen seinen ersten Fingerübungen und dem großen Erfolg? Wie wurde das Talent im Kind, im Jugendlichen entdeckt, gefördert und ausgebildet?

Wussten Sie, dass in der Begabtenklasse der Stuttgarter Musikschule seit zehn Jahren immer wieder junge Pianisten herangebildet werden, die sich beim Bundeswettbewerb *Jugend musiziert* außergewöhnlich viele 1. Preise und Sonderpreise holen und die bei internationalen Wettbewerben in München und Hamburg, Prag und Warschau, in Paris und New York Erfolg haben? Fern der Heimat spielen sie bei großen Preisträgerkonzerten und sind im Rundfunk zu hören. Doch zu Hause in Stuttgart kennen nur wenige Eingeweihte die Talente. Denn ihnen fehlt hier die Bühne, auf der sie sich einem großen Publikum vorstellen können.

Von Klavierfreunden wurde nun das *Junge Klavierpodium* gegründet, das den besten Nachwuchspianisten eine Bühne und ein anspruchsvolles Publikum verschaffen möchte. Den Zuhörern eröffnet sich ein spannendes Kennenlernen junger Talente: Sie werden verblüfft sein, auf welch hohem künstlerischen, technischen und musikalischen Niveau einzelne Jungpianisten heutzutage spielen.

In Erinnerung an den großen Stuttgarter Pianisten Werner Haas trägt das Podium seinen Namen. In Kooperation mit der Stuttgarter Musikschule und als Teil ihrer Stiftung wird das Podium zwei bis drei Mal im Jahr herausragende Talente mit abendfüllenden Programmen vorstellen.

Im Gründungskonzert spielen fünf junge Pianisten, die als Solisten mit 1. Bundespreisen bei *Jugend Musiziert* und mit weiteren nationalen und internationalen Preisen ausgezeichnet wurden. Dieses erste Konzert wird von der Stiftung der Stuttgarter Musikschule besonders gefördert. Der Eintritt ist deshalb kostenlos.

Das Gründungskonzert findet statt am

**Donnerstag 17. Juni 2010
um 20 Uhr im Weißen Saal
des Neuen Schlosses Stuttgart**

Annique Göttler, Jonas Haffner, Julia Sailer, Vincent Herrmann und Ilja Rapoport spielen aus den Partiten von Bach, den Sonaten von Beethoven und Schubert, aus den Balladen und Etüden von Chopin, den *Ungarischen Rhapsodien* von Liszt, den *Images* von Debussy und aus *Gaspard de la Nuit* von Ravel.

Eine Einladungskarte, die zum kostenlosen Einlass in das Konzert berechtigt, erhalten Sie bei der Stuttgarter Musikschule unter Telefon 0711/216-17 42 oder per E-Mail unter margit.erdle@stuttgart.de.

JUNGES
KLAVIER
PODIUM
WERNER HAAS

zu halten. Das Gründungskonzert dieser Stiftung fand am 17. Juni 2010 im weißen Saal des Neuen Schlosses in Stuttgart statt, es spielten 5 Preisträgerinnen und Preisträger anspruchsvolle Klavierkompositionen vor einem zahlreichen Publikum. Sie wurden mit großem Beifall bedacht und erhielten ausnahmslos ausgezeichnete Rezensionen.

Im 3. Jahrzehnt nach dem Unfalltag im Oktober 1976 sind weitere bemerkenswerte Ereignisse eingetreten, die den Leser sicher interessieren werden.

Es war im Frühjahr 2005, als der inzwischen emeritierte leitende Oberarzt der Herzchirurgie im Robert-Bosch-Krankenhaus, Dr. Keilbach, Besuch aus Süd-Korea bekam. Frau Prof. Lee ist konzertierende

Pianistin und leitet die Klavierklasse in Seoul. Sie kannte Prof. Keilbach bereits. Dieser wiederum hat in guter Erinnerung ein Jugendkonzert im damaligen Gustav-Siegle.Haus (1955), bei dem Werner Haas das bekannte Tschaikovsky Klavierkonzert b-moll mit den Stuttgarter Philharmonikern unter Leitung von Dr. Hans Hörner spielte. Es wurde an 2 Abenden hintereinander vor ausverkauftem Saal gespielt; der überwältigende Erfolg vor stehend applaudierendem jugendlichen Publikum hinterließ bei dem damaligen Studenten Keilbach einen unauslöschlichen Eindruck.

Die Professorin aus Südkorea kannte Werner Haas ebenfalls von dort gekauften CDs und bat ihren Stuttgarter Freund, mit ihm und mit ihrer Schülerin zusammen die Schwester des Pianisten – Isolde Haas-Sautter – zu besuchen, um das Zuhause von Werner Haas – vor allem dessen Steinway-Flügel – kennen zu lernen. Es waren für alle unvergessliche Stunden, in denen die koreanische Klavierprofessorin Hyekyung Lee aus ihrem großen Repertoire zahlreiche Klavierstücke von Chopin auf diesem Flügel spielte.

Ein längerer Abschnitt sei nun abschließend einer eindrucksvollen Begegnung mit einem Musikkritiker aus Jefferson City – James Harvey – und dessen Frau Nancy gewidmet. Eine Begegnung mit schmerzhaft tragischem Ende.

Im Alter von 19 Jahren suchte James Harvey, dessen Mutter Klavierlehrerin war und ihm schon in früher Kinderzeit die Liebe zum Klavierspiel vermittelte, in einem großes Musikhaus in St. Louis im Staat Missouri nach Debussy-Interpretationen. Einige Jahre zuvor erhielt Werner Haas für seine Gesamteinspielung der Klavierwerke von Debussy den Grand Prix du Disque. Dies war auch dem dortigen Verkäufer bekannt; das betreffende Album war vorrätig, und James hörte sich die Schallplatten in einem Hörraum an.

Eine ebenfalls musisch und speziell an Debussy-Kompositionen interessierte Studentin namens Nancy gesellte sich dazu und fragte James, wer denn dieser Pianist sei. "Ich kenne ihn auch nicht und habe noch nie von ihm gehört", antwortete James Harwey. "Es ist ein Deutscher, und ich

James Harvey mit der Debussy-Kassette

wundere mich selbst über seine großartige Interpretation der Werke eines impressionistischen französischen Komponisten".

Nun, die Kassette mit der Gesamteinspielung wurde gekauft und das junge Mädchen Nancy eingeladen, gelegentlich bei ihm zuhause in Ruhe nochmals den Hörgenuss zu erleben. Schon nach wenigen Tagen besuchte Nancy den jungen Musiker bei seiner Familie, die gemeinsame Begeisterung für das Debussy-Spiel von Werner Haas mündete einige Jahre darauf – wie James bei seinem späteren Besuch in Stuttgart berichtete, in eine wunderbare eheliche Lebensgemeinschaft. Sie war begründet von einer außergewöhnlich hohen Übereinstimmung in Bezug auf Interpretationskunst.

James sammelte im Laufe der Jahre ca. 4.000 Schallplatten und CDs, kannte somit wohl alle namhaften Pianisten aus "aller Herren Länder".

Im Juni 1976 besuchte er einen deutschen Freund von München, Wolfi, wie er ihn nannte. Dieser holte ihn vom Flughafen Frankfurt ab. Als sie an Stuttgart vorbei fuhren, bat James seinen Freund, doch einen Abstecher zum Haus des Pianisten Werner Haas zu machen, den er so gern persönlich kennen lernen wollte. "Aber Wolfi hatte kein Interesse an Klaviermusik", erzählte James später, und so wurde ihm der Wunsch nicht erfüllt. Das war für ihn umso schmerzlicher, als er vom Unfalltod des Pianisten im Oktober des gleichen Jahres erfuhr.

In München konnte er jedoch die große Debussy-Kassette erstehen. Mit dieser ließ er sich stolz vor dem Münchner Musikhaus von Wolfi fotografieren. Groß prangte das Bild von Werner Haas auf dem Kassettenkarton.

Sein Wunsch, selbst Pianist zu werden, konnte leider nicht realisiert werden; er erhielt jedoch eine Anstellung als Musikkritiker der damals in St. Louis erschienenen "Classic Tracks". Darin schrieb er in der Ausgabe von März 1995 folgende Rezension über Werner Haas: (wörtliche Wiedergabe)

"Philips hat Liebhaber klassischer Musik mit Zwei-in-Einem-Sets beglückt. Dabei sind, abgesehen vom Sparpreis, die Aufführungen als erstklassig zu betrachten und die Tonqualität ist ebenfalls exzellent. Ich war ganz besonders darüber erfreut, dass einige dieser Sets von Werner Haas waren, der 1976 bei einem tragischen Autounfall ums Leben kam. Haas hat offensichtlich nie in den USA gespielt, aber er gewann europäische Preise für seine Aufnahmen einschließlich des Grand Prix du Disque für seine Einspielung von Debussy und den Edison-Preis für Ravel-Werke.

Seine Aufnahmen bezeugen ihn als erstklassigen Musiker mit einer der herausragensten Klaviertechniken dieses Jahrhunderts. Man höre zum Beispiel nur L'Isle Joyeuse oder die Etudes. Haas ist ein moderner Debussy-Spieler, der durch seinen schönen, strahlenden Ton mit dem Nebel in Stücken wie "Reflets dans l'eau pour le piano" und "La Cathedrale engloutie"aufräumt und "Minstrels" und "Golliwog's cake walk" zeigen deutlich, dass Haas selbst den Flügel zum Lachen zu bringen vermochte. Haas bringt die großartigste Wiedergabe von "Jeux d'eau", die ich jemals gehört habe. Er entzieht sich mit der kristallenen Klarheit seines Touches und seiner rhythmischen Vitalität jeglicher Kompetition durch Pascal Roge und Jean Philippe Collard. Die "Lieder ohne Worte" (von Mendelssohn) habe ich noch niemals mit solch ungekünstelter Einfachheit und Freude spielen hören. Und die Triller im "Venezianischen Gondellied" sind schon allein für sich eine Schönheit".

Vier Jahre nach Erscheinen dieser Rezension, also im letzten Jahr des vergangenen Jahrtausends, unternahm James einen weiteren Versuch, wenigstens mit Angehörigen des Pianisten in Stuttgart in Kontakt zu kommen.

Seine Absicht war, einen großen Artikel in der englischen Zeitschrift "Piano Quarterly" über Werner Haas zu veröffentlichen, da er den Herausgeber kannte. Es war ihm völlig unverständlich, weshalb die musikalische Welt so wenig über diesen Pianisten wusste, den er zu den Weltbesten zählte.

Seit 1979 war er mit Nancy verheiratet, wissend, dass diese bereits an einer schweren und unheilbaren Krankheit litt. Sie hatte "Morbus Crohn". Die sprachgewandte Nancy unterstützte ihn nach Kräften. Als Lehrerin für französische Sprache wurde sie nach ihrer Erkrankung und Bindung an den Rollstuhl brutal aus dem Schuldienst entlassen.

Die Booklets der Schallplatten führten James zu den Stuttgarter Nachrichten, die ihn auf die Frau des verstorbenen Kritikers Dieter Schorr verwiesen. Diese wiederum stand in Kontakt mit der Schwester des Pianisten Isolde Haas-Sautter und konnte so deren Adresse an James Harvey weiterleiten.

Von Stund an entspann sich ein ungewöhnlich reger Gedankenaustausch zwischen James und der Familie des Pianisten, fast täglich wanderten e-mails von Stuttgart nach Kansas City und zurück. Immer wieder fragte James nach Einzelheiten aus dem Leben von Werner Haas, wobei seine ungenügenden Kenntnisse der deutschen Sprache ebenso wie das dürftige Englisch der Pianistenfamilie oftmals zu Verständigungsproblemen führten.

Anfang des verhängnisvollen Jahres 2001 lud schließlich die letztere den fragenden Amerikaner ein, ein zweites Mal nach Deutschland zu reisen, um im Haus von Werner Haas all das zu erfahren, was er für den besagten Artikel wissen wollte. "Das ist leider nicht so einfach, da Nancy durch ihre schwere Krankheit an den Rollstuhl gebunden ist und nur flüssige, lebenswichtige Mineralstoffe durch eine Pumpe in die Vene zu sich nehmen kann", antwortete James auf die Einladung. "Dann frage doch den Arzt, ob sie mitkommen könnte und auf Vorrat Nährstoffe für ca. 10 Tagen erhalten kann", wurde ihm vorgeschlagen. Tatsächlich hat der Arzt diesem Vorschlag zugestimmt. Nancy war überglücklich, endlich einmal die heißersehnte Reise nach Europa mitmachen zu dürfen. Für die flüssige Nahrung wurde ein batteriebetriebener Kühlbehälter besorgt, und nach 18-stündiger Reise, bedingt durch mehrmaligen Flugzeugwechsel und erhebliche Wartezeiten bis zum Überlandflug kamen beide am Morgen des 08. März 2001 auf dem Flughafen in Stuttgart an.

Unvergesslich ist der Augenblick der ersten Begegnung mit diesem liebenswerten amerikanischen Ehepaar! Alle hatten das Gefühl, sich schon seit vielen Jahren zu kennen; es war keinerlei Fremdheit zu spüren! Wenige 100 m vom Haus des Pianisten entfernt konnten die Weitgereisten für die nächsten 10 Tage in dem gediegenen Hotel Weinsberg untergebracht werden. Nach wenigen Stunden Schlaf zur Bewältigung des Jetlag wollten James und Nancy unbedingt noch in den Klavierabend von Grigory Sokolov, der am Ankunftstag stattfand. Das war insbesondere für Nancy eine große Herausforderung, die sie meisterhaft gewann. Beide wurden reich beschenkt vom wunderbaren Spiel des großen russischen Pianisten, dem das gut geschulte Stuttgarter Klavierabend-Publikum 6 Zugaben abverlangte. So dauerte der Abend von 20 - 23 Uhr!

Glücklicherweise konnten die sprachlichen Barrieren durch die sprachgewandte Schulfreundin von Isolde, Isa Lamiani vollständig überwunden werden, auch das Schulenglisch kam nach und nach zurück wie auch die deutschen Sprachkenntnisse von Jimmy, den wir fortan so nannten. In diesen 10 Tagen festigte sich eine Freundschaft zwischen Nancy und Jimmy mit Isolde, Isa und Johannes, wie sie inniger und harmonischer kaum vorstellbar sein könnte.

Täglich arbeitete Jimmy fleißig am Artikel über Werner, er erhielt zahlreiche Bilder über Leben und Wirken des Pianisten wie auch seine Briefe und sonstigen Aufzeichnungen. Kritiken aus aller Welt über Konzerte und Einspielungen las er zwar mit Interesse, wollte aber nur seine eigenen jetzt gesammelten Kenntnisse einbringen. Er brachte viele CDs aus seiner

Mit Nancy und Jimmy in der Wilhelma Stuttgart

97

großen Sammlung mit, die wir spielten und teilweise auch für den eigenen Bedarf kopierten, um sie später anzuhören. Es waren einige Pianisten darunter, die man in Stuttgart noch nie gehört hat, weil sie fast nur auf dem amerikanischen Kontinent spielen.

Jimmy hatte sich aber auch selbst auf diese Tage in Stuttgart gut vorbereitet und spielte oft auf Werners Flügel Debussy-Stücke sehr gewandt und fehlerlos zur Freude seiner kleinen Hörerschaft.

Ein großes Highlight war die Reise nach Straßburg, wo die Französisch-lehrerin Nancy nun auch mit dem Sprachgeist des Nachbarlandes Verbindung aufnehmen konnte. Hier war sie wie auch in Deutschland entzückt von der Liebenswürdigkeit der Menschen, die die behinderte Frau im Rollstuhl oft grüßten und mit lieben Augen – wie sie sagte – anschauten.

So etwas hätte sie im eigenen Land nur selten erlebt.

Im Straßburger Münster war sie von der großen Pieta mit der Kreuzabnahme Christi tief berührt und wollte sich von diesem Anblick nicht trennen. Die kleine Reisegesellschaft spürte die innige Bitte um ein gütiges Schicksal für sich und für Jimmy, ein Schicksal, von dem sie schon wenige Wochen später erlöst werden sollte.-

Bewegend war der Abschied von beiden am 18.03.2001 auf dem Stuttgarter Flughafen. Während Jimmy und Johannes die Gepäckaufgabe und einen Rollstuhl für Nancy besorgten, saß diese mit Isolde wartend auf einer Bank in der Abfertigungshalle und erzählte unter Tränen von Ihren Sorgen um Jimmy, den sie sicher bald verlassen müsste. Auch fürchtete sie das einsame Leben in einem kleinen Häuschen am See in Gesellschaft zweier Hunde sowie einiger Enten, in der Nähe von Kansas City gelegen. Tagsüber gehe Jimmy seiner Arbeit nach; in dieser Zeit sei sie auf sich alleine angewiesen. Die beiden gemeinsame Liebe zur Musik würde sie aber für alle Entbehrungen entschädigen.

Der Rückflug verlief ohne Zwischenfall, wie Jimmy fast unmittelbar nach der Ankunft durch ein e-mail wissen ließ. Nancy allerdings hätte fast während des ganzen Fluges geweint. Sie hätte jedoch die Strapazen des Fluges gut überstanden und würde allen Bekannten und Freunden erzählen, wie liebenswürdig und freundlich die Menschen in Deutschland und in Frankreich zu ihr waren.

Seitenlange e-mails waren die Folge von Jimmys fleißiger Arbeit, den vorgesehenen Artikel wollte er mit der Überschrift "Werner Haas – in shadow" (im Schatten) überschreiben. Plötzlich aber, ca. 3 Wochen später, wurden die e-mails spärlicher. Mit Bestürzung erfuhr man in Stuttgart, dass Jimmy Nancy im Koma ins Krankenhaus nach Jefferson City bringen musste, nachdem sie durch eine neue Lieferung der Flüssignahrung von einer in die Insolvenz geratenen Firma völlig ungenügend mit lebensnotwendigen Mineralstoffen versorgt wurde. Täglich berichtete Jimmy seinen Freunden in Stuttgart den Besorgnis erregenden Zustand von Nancy, die dann am 20. Juni wegen einer schweren Infektion der Atemwege mit einer doppelseitigen Lungenentzündung starb. Bakterielle Erreger durch die Klimaanlage hätten letztlich ihren Tod verursacht, schrieb der verzweifelte und erbitterte Jimmy.

Seelisch gebrochen verließen Jimmy in den folgenden Wochen die Lebenskräfte, die Arbeit am Artikel für Werner konnte er nicht weiterführen. Tröstende Worte aus Stuttgart konnten ihn nicht aus seiner zunehmenden Lethargie befreien; selbst die furchtbaren Anschläge des 11. Sept. machten auf ihn keinen Eindruck. "Meine Nancy zählt auch zu den fast 3000 ermordeten Menschen, man hat sie ja im Krankenhaus umgebracht" war seine stereotype Antwort.

10 Tage später, am 21. September 2001, war Jimmys Bruder am Telefon und beantwortete die besorgte Nachfrage nach Jimmy. Am Tage davor hätte man Jimmys Leiche mit aufgeschnittenen Pulsadern aus dem See geborgen.

Jimmys und Nancys gemeinsames Leben hat begonnen beim Anhören von Werners Klaviermusik, beide haben fast bis zum Ende Ihres Erdendaseins an einem Artikel über Werner gearbeitet. So darf der Gläubige annehmen, dass diese drei Menschen auf einer höheren musischen Ebene jetzt vereint und glücklich darüber sind, die Bedrängnisse der irdischen Welt überwunden zu haben.

In diese biographische Arbeit sollen nun auch mit dem 2. Teil des vorliegenden

Artikels von James Harvey dessen Gedanken als Ergebnis der 10-tägigen Aussprache im Haus des Pianisten einfließen, während der sich die kleine Gesellschaft nicht nur über private Begebenheiten, sondern in erster Linie über seine Interpretationen und diejenige zahlreicher großer Pianisten des vergangenen und gegenwärtigen Jahrhunderts auseinander setzte.

In Schadow (Im Schatten): Pianist Werner Haas

Im September 1947 wurde Werner Haas mit der Höchstzahl von Punkten als jüngster Student in die Staatlichen Musikhochschule Stuttgart aufgenommen und der Klavierklasse von Prof. Lily Kroeber-Asche zugesellt. Bei seiner Audition sagte sie zu ihm: 'Sie wollen also Konzertpianist werden? Nun, das Zeug dazu haben Sie!' Lily Kroeber-Asche war in Deutschland eine sehr bekannte Lehrerin und gab auch häufig Konzerte auf einem Cembalo (Überwiegend mit Bach-, Händel- und Mozart-Kompositionen).

Isolde sagte, sie wäre nicht eben zimperlich mit ihren Schülern umgesprungen und hätte diese oft unbarmherzig eingeschüchtert. Aber sie liebte Werners Spiel und behandelte ihn anders als andere Klavierschüler: 'Oh, natürlich, Wernerchen, spiele ganz wie du möchtest, ganz wie du willst'. Einmal wurde Werner von einem Mitschüler aus ihrer Klasse gefragt, wie er seine Lehrerin bloß ertragen könne. Er lächelte nur! Er hatte damals schon begonnen, sich ganz für sich selbst für die impressionistische Musik zu interessieren. Dann pflegte Lily Kroeber-Asche zu ihm zu sagen: 'Du mit Deinen komischen Debussys …!'

Bei seiner Mutter lernte Werner Stimmbildung und sang Tenorpartien im lokalen kath. Kirchenchor, den sein Vater leitete. Oft spielt er auch auf der Orgel und begleitete den Chor bei großen Mozart- und Schubert-Messen, bei denen die Mutter Martha und Schwester Isolde die Alt- und Sopransolis sangen. In der kargen Zeit wenige Jahre nach dem Krieg wurden im nahen Festsaal auch Operetten wie z.B. Emmerich Kálmans 'Gräfin Mariza' und von Franz Lehar 'Paganini' aufgeführt, wo die Mutter die Hauptrollen sang und Werner wie Isolde Tenor- resp. Sopranrollen übernahmen.

In seiner Freizeit schrieb er Gedichte und Sketche, die er dann mit Freunden aufführte. Die beiden schwäbischen Originale "Häberle & Pfleiderer" wurden dabei mit großem Beifall des stets zahlreichen Publikums gekonnt inszeniert.

Von 1954 bis 1956 nahm Haas Teil an der Meisterklasse von Prof. Walter Gieseking in Saarbrücken. 1961 schrieb Haas an seinen amerikanischen Mitstudenten Dean Elder einen Brief mit Erinnerungen an diese Klasse: "Ich wollte so viel als möglich Debussy- und Ravel-Stücke spielen und an ihnen arbeiten. So spielte ich eine Serie von ausgewählten Stücken wie *Reflets*, *Masques*, *L'isle joyeuse*, *Dance* und *Poissons d'or* von Debussy sowie *Ondine*, *Sonatine* und *Jeux d'eau* von Ravel. Die meisten waren zu seiner Zufriedenheit gespielt, so dass seine spontane Bemerkung war:"Sie haben sicher meine Platten?" "Werner hat immer eine sehr herzliche Beziehung zu Gieseking gehabt", sagte Isolde. " Er hatte schon lange, bevor er in seine Klasse kam, auch viele Gieseking-Konzerte und -Aufnahmen gehört"

Haas schätzte es auch überaus, dass Gieseking seinen Studenten nicht seine eigenen Ideen aufzwang: "Prof. Gieseking pflegte jedes Programm, das seine Schüler vorbereitet hatten, nur einmal zu hören. Dann sprach er seine Kritik aus und schlug dem betreffenden Schüler in Gegenwart der anderen zuhörenden Schüler der Meisterklasse einzelne Verbesserungen vor. So führte er sie alle zusammen zu einer von allen akzeptierten Interpretation, die jedoch keinesfalls seinen eigenen Kriterien von Interpretation zu entsprechen hatte." Einmal ergab es sich, dass Walter Gieseking und Werner Haas beide dasselbe Stück vor der Meisterklasse spielten. Danach fragte Gieseking die Teilnehmer, für welche Version sie sich entschieden hätten. Als alle einmütig der Haas-Interpretation den Vorzug gaben, bemerkte Gieseking ohne die geringste Irritation: "Nun, wie Sie sehen, bin ich überstimmt".

Im Sommer 1949 hatte Werner Haas sein erstes Klavierkonzert mit dem Hochschulorchester unter Leitung des späteren Generalmusikdirektors Wilfried Emmert gegeben: Mozarts KV 449 in Es-dur. Sein offizielles Debut in Stuttgart war dann im Oktober 1955 mit den Stuttgarter Philharmonikern unter Leitung von Dr. Hans Hörner. Von dieser Interpretation des Tschaikowski Klavierkonzertes Nr. 1 schrieb Erich Herrmann im Deutschen Volksblatt: "Werner Haas besitzt die große Technik und erinnert an Shura Cherkasskij".

(s. auch S.28/29) Aber seine Karriere verlief zögerlich, da er keinen Manager hatte. In einem Artikel vom 13.02.1970 in "Medical Tribune" über die "Pianisten der jüngeren Generation" schrieb Jörg Demus über die Schwierigkeit, eine Karriere zu starten: "Wenn nur mein Name Wilhelm Svjjatoslav Rubinstein wäre!"

Im Februar 1958 hatte sich Werner Haas zur Teilnahme an einem "Young People's Concert" angemeldet, das jedes Jahr im Sale Chopin des Konzerthauses Lamoureux in Paris stattfand. Für alle Auslagen und Kosten musste er dabei selbst aufkommen. Igor B. Maslowskij sah das Programm und war fassungslos, dass Werner Haas Kompositionen von Debussy spielen wollte. Er hielt ihn für "einen Verrückten, der solche Werke in der Höhle des Löwen zu spielen beabsichtigt". Nach dem Konzert jedoch präsentierte er Werner Haas seine persönliche Visitenkarte und bat ihn, am nächsten Tag in sein Büro zu kommen. Bei dieser Unterredung war Maslowskij dann sehr direkt: " Sie kommen mir hier nicht mehr raus, bevor Sie mir nicht Ihre Zusage zu einem Schallplattenvertrag gegeben haben!"

Die ersten Aufnahmen erfolgten im darauffolgenden Jahr: Die 14 Walzer von Chopin sowie ausgewählte Werke von Debussy. "Der Kontrakt legte fest, dass die Aufnahmen jeweils bei einer Sitzung aufzunehmen waren, da Philips die Kosten so niedrig als möglich zu halten bemüht war", sagte Isolde. "Aber ich glaube nicht, dass es einen berühmteren Pianisten gegeben hätte, der diese Abmachung akzeptiert hätte".

In seinem Brief aus 1961 konnte Werner Haas seinem amerikanischen Freund Dean Elder mitteilen, dass seine Diskographie sowohl die beiden schon erwähnten Aufnahmen als auch die 24 Chopin-Etüden, die Mondscheinsonate, die Pathetique und die Appassionata von Beethoven umfaßte und dass die vollständigen Werke für Soloklavier von Claude Debussy in Vorbereitung wären. 1962 stellt sich ein Triumph ein: Werner Haas wurde vom Komponisten Darius Milhaud in Paris der begehrte "Grand Prix du Disque" für seine Gesamteinspielung von Debussy-Werken überreicht.

Die ersten Kritiken aus Amerika waren enthusiastisch. Über die Chopin-Walzer schrieb High Fidelity im Januar 1961: „ Ein Höhepunkt folgt dem anderen in einer atemberaubend sprühenden Darstellung ... der aufregendste Set seit Lipattis Engel-Ausgabe". Im Hinblick auf sein Debussyspiel konstatierte Saturday Review am 29. Oktober 1960, "dass Haas das Klavier so weit bringt, dass es zu dem wird, was es nicht ist – nämlich ein Legato-Instrument!" Und dann eine Note der New York Herald Tribune: "Gieseking hat einen Nachfolger! Im Anschlag, in der Sensibilität seiner Nuancierung und im Adel seines Stils ist Haas bereits ein Meister (6. November 1960)

Kein Pianist könnte etwas Besseres erwarten, als bei den Chopin-Walzern mit Lipatti oder bei Debussy mit Gieseking verglichen zu werden. Es ist darum umso mehr zu verwundern, dass Haas in den USA nicht ein einziges Konzert gegeben hat. "Ich bin sicher, eines Tages auch in den USA zu spielen", schrieb Haas 1961 an seinen amerikanischen Freund Dean Elder.

"Ich weiß auch keinen Grund dafür, warum keine Konzerte in den USA zustande kamen" sagte Isolde. "Aber Werner beklagte sich manchmal darüber, dass sein Manager nicht genug für ihn tat. Vor seinem Tod gab es Verhandlungen für Konzerte in Kanada, die im darauffolgenden Jahr stattfinden sollten. Mein Vater bemerkte nach seiner Beerdigung, dass Werner genau in dem Moment starb, als er den Sprung auf den amerikanischen Kontinent vollziehen wollte".

Andere Veröffentlichungen übernahmen den Vergleich des Gieseking-Nachfolgers und so wurde Haas in Ankündigungen als solcher dargestellt. "Diese Bezeichnung war das Werk seines Agenten", sagte Isolde. "Aber ich glaube nicht, dass Werner etwas dagegen hatte. Lieber jedoch wäre es ihm gewesen, wenn man ihn mit sich selbst verglichen hätte!"

Harris Goldsmith schätzte in einem High Fidelity-Artikel (September 1962, Seite 67) mit der Überschrift: "Debussy auf Mikrorillen" Werner Haas so ein: "Giesekings begabter junger Schüler Werner Haas folgt seinem Mentor insoweit, als er eher den strahlenden Klassizismus dieser Musik hervorhebt anstelle der subjektiven Qualität, die ebenfalls einen bedeutenden Teil dieser Werke ausmacht. Er bringt das Stück jedoch in mehr stromlinienförmiger Art als sein Lehrer. Sein rhythmischer Elan ist außerordentlich wirksam und fast erregend zu nennen, z. B. in "Jardin sous la pluie"; bei einem genauen Vergleich mit Gieseking klingt Haas jedoch fast ein wenig forsch." R.W. Krause schließt in seiner Gieseking gewidmeten *website* auf einer Seite *namens* "Schüler von Walter Gieseking" folgende Bemerkungen über Werner Haas ein: "Berühmt für seine Debussy- und Ravel-Interpretationen kopierte jedoch Werner Haas in Wirklichkeit nie genau seinen Lehrer". Der Haas-Titel "Nachfolger" war insofern problematisch, als sein Spiel ähnlich genug war, um den Vergleich zu rechtfertigen, aber dann doch wiederum zu verschieden, um eine wirkliche Huldigung zu sein. Giesekings hervorragende Bedeutung für die impressionistische Musik ist leicht nachzuweisen durch neuere Artikel in *Gramophone:* Ein Gutachten von vielen Aufnahmen von Debussy-Präludien, bei dem Gieseking herausgestellt wird als höchste Empfehlung und als "Giesekings gewinnende Art mit der französischen Musik," also eine regelrechte "Orthodoxie"!

Dass Haas sich im Schatten Giesekings gefühlt hätte, kann aus seinen Aufnahmen nicht geschlossen werden, denn sie strahlen Vertrauen und Wohlbefinden, fast auch Fröhlichkeit aus, was ein ebenso legitimer künstlerischer Wert ist wie jeder andere. Es ist nicht überraschend, dass Haas Dinu Lipatti und Emils Gilels zu seinen Lieblingen zählte – Künstler, die wie Haas nicht mutwillig spielten. Wenn es keine "Gieseking-Orthodoxie" gäbe, würden auch andere Pianisten mehr von sich reden machen. Stephen Plaistov (Gramophone, Dezember 1971, S. 1065) schwärmt von Michelangelis Debussy::"Er scheint den logischen musikalischen Ort für jede Note gefunden zu haben, und das Resultat ist der stärkste, musikalischste und poetischste Debussy, den man je von einem Pianisten gehört hat; seine Interpretation entspricht absolut Debussys eigener Auffassung, was Musik überhaupt sein kann". Oder Max Harrison über Pascal Roge mit Ravel (Gramophone, November 1974) " ... eine überragende Meisterschaft über jeden Aspekt von Klavierspiel ... Roges Identifikation mit dieser Musik ist tatsächlich komplett". Werner hatte immer eine große Bewunderung für Michelangelis Ton", sagt Isolde. "Ich erinnere mich, dass wir einmal eine Platte anhörten, und er zu mir sagte: 'Das ist doch hinreißend, findest Du nicht auch?' Worauf ich antwortete: 'Vielleicht etwas zu kalt?' und er darauf: 'Bist Du nicht ein wenig zu hart mit ihm?'

"Ein deutscher Pianist, der in Frankreich Karriere machte" scheint Krauses Bestätigung der Ansicht Dieter Schorrs zu sein, dass Haas "ein in seiner Heimat nicht anerkannter Prophet" gewesen ist. Isolde hat ihre eigene Ansicht darüber: "Werner hat viele Konzerte in Frankreich gespielt, aber auch in Holland, in England, in der Schweiz und in Schweden. 11 Jahre nach dem Krieg gab es noch Animositäten gegen deutsche Künstler, deshalb war Werners Erfolg in Frankreich so wichtig, weil er auch einen großen Teil französischer Komponisten spielte. Ich glaube nicht, dass sich Dieter Schorr auf ein besonderes Ereignis bezog; eben nur dieses generelle Gefühl, dass er in Deutschland unterschätzt gewesen ist. Natürlich hat er hier viele Konzerte gegeben, einschließlich mit den Berliner Philharmonikern, aber er hätte mehr spielen *können* und *wollen*. Einmal spielte er Karajan vor, aber es kam nie zu einem öffentlichen Konzert. Karajan war eine sehr dominierende Persönlichkeit; Werner aber wollte eben immer seiner eigenen Art entsprechend spielen" Ansonsten spielte er mit Freuden mit guten Orchestern und Dirigenten, doch nicht immer unter idealen Bedingungen. Ein schlecht gestimmtes Instrument machte ihn wütend; aber manchmal passierten auch komische Dinge. Einmal spielte er mit den Stuttgarter Philharmonikern das Beethoven Emperor-Konzert. Während der Pauker auf seinen Einsatz wartete, fiel er plötzlich in Ohnmacht und Orchestermitglieder trugen ihn hinaus. Als Werner die letzten Noten der Kadenz spielte, erschien der Pauker wieder. Nach dem Konzert bemerkten einige Zuhörer, die dieses Konzert wohl wenig kannten, bewundernd, wie geschickt der Pianist so lange "improvisierte", bis der Pauker wieder hereinkam! Aber er hatte natürlich keine einzige Note extra gespielt.

Ein anderes Mal auf Schloss Hohenzollern hatte Werner die letzte Dreingabe gespielt; eine der Prinzessinnen kam auf die Bühne mit einem Blumenstrauß, den sie ihm überreichen wollte. Sie trug hohe Absätze und glitt auf dem polierten Boden aus: ihr Füße gaben einfach nach unter ihr. Da lag sie flach auf dem Boden, die Arme noch um das Bouquet gewunden. Die Gäste verstummten im Schock! Sie war nicht verletzt – aber niemand konnte das wissen. Nun gibt es eine deutsche Redensart, die sich auf die Schwierigkeiten des Lebens bezieht, und Werner wendete sie in dieser praktischen Situation auch gleich mit Erfolg an. Er ging zu ihr hin, half ihr aufzustehen, küsste ihre Hand und sagte: 'Nun sehen Sie selbst, wie schlüpfrig dieses Parkett sein kann!!' Ihr herzhaftes Lachen veranlasste auch alle Zuhörer zu einem befreiten Lachen.

Ich sagte zu Isolde, dass ihr Bruder ein erstaunliches Talent war, da es fast unmöglich ist, unter den Pianisten einen zu finden, der in gleich hervorragenden Art die verschiedensten Komponisten wie z.B. Debussy, Brahms und Gershwin spielen kann. "Er wollte die Leute nicht schockieren", sagte sie. "Er betonte immer wieder, dass das Publikum verschiedene Stile zu hören wünschte. In Amsterdam liebte man ihn, als er mit dem Concertgebouw das Gershwin-Klavierkonzert spielte. Gershwin war für uns nach dem Kriege eine große Entdeckung, weil wir ihn bislang noch nie hatten hören können."

Es gibt eine Video Aufzeichnung des ZDF, auf der Haas ganz wunderbar die Rhapsodie in h-moll von Brahms spielt. Vor dieser Aufzeichnung sagte Werner Haas zu seinem Interviever: "Ich habe nie etwas anderes in meinem Leben gewollt als Musik machen".

Werner Haas – seine Aufnahmen

Erstaunlicherweise sind durchweg alle Aufnahmen von Werner Haas empfehlenswert, weil sie nirgendwo Verunglückungen aufweisen, wie das bei manchen besser bekannten Pianisten manchmal der Falle ist. So z.B. bei Walter Gieseking. Werner kam immer auf das sorgfältigste vorbereitet zu allen Aufnahmesitzungen, die zumeist im Studio der Philips Paris stattfanden.

Bei Plattenaufnahmen im Philips-Tonstudio Paris

Einige dieser Aufnahmen sind für mich unerlässlich: Zuerst einmal die komplette Klaviermusik von Debussy, bei der Haas an keinem Punkt seine vibrierende Lebendigkeit verliert. In manchen Stücken tendiert der Klang ins Metallische, aber niemals so stark, dass die Musikalität des Spiels darunter leidet. *"La cathedrale engloutie"* ist ein Höhepunkt; der riesige gotische Bau scheint physisch aus ozeanischen Tiefen emporzuwachsen. In *"Golliwogs Cakewalk"* und *Minstrels"* zeigt Haas, dass er es versteht, den Flügel zum Lachen zu bringen (was auch einmal vom Klavierspiel Georges Gershwins ausgesagt worden ist). Haas hat zusammen mit Noel Lee auch das vierhändige Werk Debussys aufgenommen. Dies ist eine Aufnahme, über die ich nie eine negative Aussage gehört habe. "Werner hat immer gesagt, dass sie im Spielen einander so nahe gewesen seien, dass er beim Abhören selber manchmal nicht unterscheiden konnte, wer nun was spielte", sagte Isolde. "Sie hatten aber in Berlin etwa nur eine Woche Zeit für die Proben zu diesen Aufnahmen gehabt".

Das komplette Werk für Klavier und Orchester von Georges Gershwin: Vielleicht noch mehr als auf allen seinen anderen Aufnahmen bilden hier Dirigent, Solist und Orchester eine Einheit mit der Musik. Das Spiel von Werner Haas ist gleichermaßen vom Ausdruck her forsch und künstlerisch verfeinert durch etwas, was die Amerikaner "pizzazz" nennen würden. "Eine Zeitlang hat sich Werner mit dem Spiel von Erroll Garner beschäftigt", erzählte Isolde. "Ich glaube, er hat ihn auch in einem Konzert gehört und war begeistert ob dieser Improvisationskunst – er hielt ihn für den geborenen Musiker! Und jeden Musiker, den er liebte, spielte er nach dem Konzert zuhause nach. Sicher gab es keine Jazz-Größen in seiner Zeit, die Werner nicht angehört hätte. Er liebte guten Jazz und unter den Sängern insbesondere Louis Armstrong!"

Ausgewählte Solo-Klavierwerke von Felix Mendelssohn-Bartholdy wie "Lieder ohne Worte": Ein lyrischeres Spiel kann man sich nicht vorstellen; die Triller vom "Venezianischen Gondellied" sind schon allein für sich eine Schönheit.

Die Mondscheinsonate von Beethoven: Eher klagend als romantisch im Adagio, haarsträubend propulsiv im Presto bietet Haas einigen der heute konzertierenden 'Super'-Virtuosen eine Lektion dar, wozu eine brillante Technik führen sollte. Jedes auch noch so geringe accelerando erhöht die dramatische Wirkung. Die LP kam zusammen heraus mit einer wunderbar gespielten "Pathetique" und einer "Appassionata", die für mich fast etwas zu brüsk klingt – ich habe immer ihre erste Aufnahme von Ashkenazij auf Decca geliebt, die eine feine Kombination von Furie und Ruhe ist.

Die "15 Toccaten aus 3 Jahrhunderten. Eine Perle unter diesen außergewöhnlich gut gespielten Stücken ist die entzückende kleine Toccata von Paradisi, die sich ganz gewiss den Titel "freudvollste Musik, die jemals komponiert worden ist" verdient hat. Die sublime Leichtigkeit und Gleichmäßigkeit, mit der Haas spielt, geht so weit, dass man Zweifel daran hat, ob das noch menschliches Spiel genannt werden kann. Auch die weiteren Stücke auf dieser Toccatenplatte sind ebenfalls überwältigend. "Werner hat diese Aufnahme am meisten geliebt von allen Einspielungen" erzählte Isolde, "weil jedes Stück davon eine andere Welt darstellte".

Gewiss kann jeder Künstler ein Lied davon singen, dass er von Kritikern angegriffen worden ist. In all den Jahren, in denen ich seine Aufnahmen sammle und seine Kritiken lese, fand ich, dass das bei Werner Haas auch oft passiert ist. "Steif und unnachgiebig" beurteilte ein amerikanischer Kritiker seinen Gershwin. "Er gewann seine Schlacht mit der Tastatur" in Bezug auf Mendelssohns Kammerwerke – das bedeutet, mit leisen Vorurteilen zu loben! Aber diese Kommentare sind schon lange aus meinem Gedächtnis verschwunden, was ihren Ursprung betrifft. Als ich einen Nachmittag lang diesbezügliche Forschungen betrieb, stieß ich auf folgende Kuriosität von Grammophone (Mai 1975): "Was das Grammophon betrifft, so ist das Schwierige bei 100-jährigen Jubiläen von Komponisten, dass alle möglichen Leute ihre Werke aufnehmen, die normalerweise nicht daran denken würden, das zu tun und die vielleicht auch keine wirkliche Sympathie dafür haben. Der obige Fall scheint ein solcher zu sein".

In dieser Kritik der Solo-Klavierwerke von Ravel scheint der Kritiker Max Harrison nicht gemerkt zu haben, dass sie keineswegs für das Hundert-Jahre-Jubiläum von Ravel aufgenommen worden waren, sondern in Wirklichkeit 10 Jahre zuvor. Folglich würde sich Werner Haas – damals schon ein Grand Prix du Disque und Edison-Preisträger für seine Gesamteinspielungen der Klavierwerke von Debussy und Ravel weit außerhalb dieser Kategorie von "allen möglichen Leuten" befinden. Harrison fand abschließend dennoch das Spiel von Werner Haas aufregend genug und "une barque sur l'ocean" sei ganz spektakulär …

Am Ende einiger Unterredungen, die für gewöhnlich sehr spät am Abend stattfanden, hörten wir vergleichsweise einige CDs, die ich mitgebracht hatte: Zuerst Martha Argerich mit Ravels "Jeux d'eau" auf ihrer DGG Debut-Platte. Wie das bei vielen ihrer Darbietungen der Fall ist, beweist Argerich, dass sie technisch in einer ganz eigenen Klasse unterzubringen ist und uns damit spannende Flüge der Phantasie liefert. Johannes besorgte uns die entsprechende Partitur, aus der Werner gespielt und gearbeitet hatte. Er hatte dabei nur ganz wenig hineingeschrieben: einen gelegentlichen Fingersatz, und die einzigen geschriebenen Worte waren "singend" und "legato".

Aus der Partitur war klar zu ersehen, dass Argerichs häufiger Gebrauch von Rubato ihre eigene Erfindung war, vielleicht aus dem Wunsch heraus, für ein bisschen mehr "Spiel" zu sorgen, als Ravel geplant hatte. Auf nicht weniger brillante Art zahlte die etwas direktere Annäherung von Werner Haas musikalische Dividende, schon allein deshalb, damit der Flussgott weniger launenhaft lachen musste.

Wir verglichen auch die Haas-Aufnahme der Chopin-Étude Nr. 11 op 25 mit jener von Boris Berezkovskij, Francois Rene Duchable und Grigorij Sokolov. Sokolov ist, zusammen mit Krystian Zimerman, einer der Lieblinge der Sautters, die sie beide in den Stuttgarter Klavierabenden gehört haben.

Vladimir Horowitz, der dieses Stück niemals spielte, sagte einmal, dass seine rechte Hand sich dabei anfühle, als ob sie gleich abfallen würde. Es gibt kein höheres Lob für die Haas-Aufnahmen dieser Studien als zu sagen, dass nichts über die semi-quaver-sextuplets hinausgehen kann, und man findet auch im ganzen Stück diese außerordentliche Ausgewogenheit der rechten Hand. .

Trotzdem war Johannes sehr beeindruckt vom Spiel Duchables und Isa von jenem von Sokolov, dessen Ausgewogenheit der von Werner Haas gleichkommt und dazu hin noch eine betonte Wildheit aufweist. "Er ist sehr interessant und bringt mehr Stimmen zum klingen, die man sonst nicht hört", sagte sie.

An einem anderen Abend hörten wir Emil Gilels im ersten Satz von Tschaikovskijs Klavierkonzert Nr. 1. Beide Konzertaufnahmen, sowohl die von Haas als auch jene von Gilels, sind etwa zur gleichen Zeit gemacht worden, nämlich in den beiden ersten Jahren der 70er Jahre. Niemand kümmerte sich um die alles übertönende Pauke in der Gilels- Aufnahme, aber jeder bewunderte Gilels' Ton und seine Brillanz. Robert Layton (Grammophone, April 1975, S.1817) schrieb, dass Emil Gilels mit solcher Wärme und Autorität, mit solcher Meisterschaft und Poesie spielt, die nicht wenige Hörer anrühren wird". Wir konzentrierten uns auf die

Oktavenkadenz, welche Gilels mit einem berauschenden Accelerando spielt. Werner Haas freute sich daran, diese Oktaven auf seiner Aufnahme auf prachtvolle Weise herunterdonnern zu lassen – in tempo. "Sie sind beide wunderbar", sagte Isa. "Aber ich meine, dass die Aufnahme von Werner Haas mehr reflektiert und disziplinierter ist". Ein Aufnahmeingenieur von Philips im Studio von Monaco sagte am Ende der Aufnahme dieses Konzerts, dass das das Professionellste gewesen sei, was er je erlebt hatte" erinnerte sich Isolde an Werners Worte.

Sodann hörten wir Svjatoslav Richter in "Pagodes" aus den Estampes von Debussy. Trotz großer Bewunderung von Richters Ton pflichteten mir alle bei, dass man es nach den ersten beiden Minuten gern gehabt hätte, wenn das Stück etwas schneller gespielt worden wäre.

Natürlich mussten wir auch Giesekings Debussy hören. Isa und Johannes waren nicht so glücklich über einige Härten seines Tones in "La cathedrale engloutie", die scheinbar nicht nur auf das Alter dieser Aufnahmen zurückzuführen sind. Gieseking und Haas spielen dieses Stück auf ähnliche Weise und ohne jenes Accelerando, das Artur Rubinstein bei dem großen "chordual Statement" einsetzt. Man meint, dieses Accelerando sei auf den Komponisten zurückzuführen. Johannes konnte aber die entsprechende Partitur nicht finden, um vergleichen zu können. In "Minstrels" wählten wir beide einstimmig – wie in Giesekings Meisterklasse – die Frische und den Schneid von Werner Haas.

Zu einem weiteren modernen Debussy-Vergleich zogen wir Yurij Egorovs etwas unregelmäßig gespielten Set von Aufnahmen der Präludien heran. Wir hörten Egorovs erstaunliches Spiel in "Feux d'artifice", wo er heranreicht an die Brillanz eines Werner Haas, mit zusätzlicher Freude an einer der natürlichsten Aufnahmeklänge, die von EMI je bei einem Pianisten angewandt worden sind. Alle waren sich einig, dass diese tragische Gestalt eine der meistversprechenden "Debussyaner" ist.

Der letzte Vergleich war der erste Satz von Ravels Klavierkonzert in g-moll. Man war allgemein beeindruckt von Michelangeli, war aber ebenso begeistert über Krystian Zimerman, dessen Sensibilität, überwältigende Technik und wundervoller Ton mit einem ebenso wundervollen Cleveland-Orchestra unter Pierre Boulez und darüber hinaus einem strahlenden Aufnahmeton zusammen stimmte. Ich zögerte dann etwas, dies mit der Aufnahme mit Werner Haas zu vergleichen, die ja schon über 30 Jahre alt ist. Aber Werner Haas beginnt seinen Part mit äußerster Sympathie und schreitet fort zu dem poetischsten Spiel, das mir je begegnet ist. Seine rhythmisch federnden "Sprünge" klingen in jeder Phase deutlich heraus. Bei seinen ausgedehnten Trillern scheint Haas tiefer in die Tasten zu greifen, um diesen nicht nur schönen, sondern lebendig vibrierenden Effekt zu erzielen, welcher den ganzen thematischen Gehalt durchatmet.

Das kleine Auditorium hörte still und ergriffen zu".

(Hier enden die Aufzeichnungen von James Harvey.)

Sein tragisches Schicksal verhinderte die Veröffentlichung dieser Aufzeichnungen in dem bereits erwähnten Pianisten-Journal "PIANO QUARTERLY", London, dessen Herausgeber Julian Haylock Informationen über Werner Haas bei James Harvey anforderte.

Für Isolde wie auch für den Autor dieser Biographie war die Zeit des weit über ein Jahr dauernden intensiven Schriftwechsels per e-mail und diese zehn Tage des Besuches von Nancy und Jimmy Harvey (vom 08.03. bis 18.03.2001) ein unvergessliches und glückhaftes Ereignis. Der frühe tragische Tod dieser beiden wunderbaren Menschen so kurz nach diesen Besuchstagen hat die innige Verbindung noch vertieft. Wenn sich ein Menschenleben „in wachsenden Ringen" vollzieht, so bleibt es den Letzten wohl vorbehalten, die schicksalhafte Bedeutung solcher Begegnungen zu erkennen.

Es ist und bleibt die Verpflichtung des Freundes, das künstlerische Werk des Pianisten Werner Haas jenen Menschen zugänglich zu machen, die seiner außergewöhnlichen Interpretationskunst den ihr gebührenden Platz einzuräumen wissen. Seine umfassende Diskographie, die bei Philips teilweise unter dem Label "Fontana" eingespielt wurde, findet der Leser auf den letzten Seiten dieser Biographie. Dass kommerzielle Zwänge der Produktionsfirma dazu führten, nach und nach wertvolle, von Kritikern aus aller Welt nicht selten als nahezu unvergleichbar beurteilte Einspielungen (vergl. Rezension von 14 Chopin-Walzern durch High Fidelity, New York, vom Januar 1961, S. 63) aus dem Verkehr zu ziehen, war leider zu erwarten. Die Versuche, Masterbänder dieser Aufnahmen zur Produktion von CDs bei einem anderen Hersteller (Dabringhaus & Grimm, Detmold) zu erhalten, blieben erfolglos; selbst Angebote zur käuflichen Übernahme solcher Bänder wurden nicht beantwortet. Philips/Decca zeigte keinerlei Interesse. Außer einer Anzahl von Debussy-Klavierstücken, einer 3er- Kassette mit sämtlichen Tschaikovski-Klavierkonzerten sowie von Fall zu Fall eines der Mendelssohn-Lieder ohne Worte sind auf dem deutschen Markt von Philips/Decca kaum weitere Einspielungen des Pianisten auf CDs zu erhalten. Dass – wie schon erwähnt – allein von Debussy-Enspielungen in einigen der letzten Jahre 80 - 100.000 CDs in über 30 Länder der Erde geliefert wurden, lässt die Entscheider des Produzenten unbeeindruckt.

Glücklicherweise konnten die Rechte zur Produktion von CDs von Rundfunkanstalten, bei denen Werner Haas zahlreiche Werke der Klavierliteratur einspielte, posthum erworben werden (Die Sender Berner Rundfunk, RIAS Berlin, Westdeutscher Rundfunk, Süddeutscher Rundfunk und der Südwestrundfunk Baden-Baden zählten dazu)

Mit der bereits erwähnten erstklassigen Produktionsfirma Dabringhaus und Grimm, Detmold, die ausschließlich klassische Werke der Musikliteratur für den weltweiten Vertrieb in ihrem Repertoire führt, konnte durch Vermittlung des Studienfreundes von Werner Haas, Prof. Matthias Kellig von der Musikhochschule Detmold, der ideale Partner gefunden werden. So konnten zum 20. Todestag des Pianisten eine 6er-Kassette mit Werken von Bach bis Stravinsky (darunter 5 Beethoven-Sonaten) und wenige Jahre später eine CD mit 2 Mozart-Klavierkonzerten (KV 449 in Es Dur und KV 459 in F-Dur) herausgebracht werden. Weitere Veröffentlichungen werden folgen.

Werner Haas – Sohn, Bruder und Freund

Beim Erscheinen dieser Biographie sind 80 Jahre seit seinem Geburtsjahr (1931) vergangen, lebendig geblieben jedoch sind allen Freunden und denjenigen Menschen, mit denen er sein tägliches Leben teilte, die unverwischbaren Spuren seines Wirkens, und nicht nur im künstlerischen Bereich. So war für ihn schon im Kindesalter Vater Meinrad vorbildhaft für seine musische Entwicklung, war er doch derjenige, der dem kleinen Werner als nie versiegender Quell die tiefe Liebe zum Klavierspiel in seine Kinderseele pflanzte, der es vor allem verstand, ihn ohne jeden Zwang an das Spiel auf den weißen und schwarzen Tasten heranzuführen. Er war keine 4 Jahre alt, als der Vater ihm einmal die Oktaven erklärte, natürlich zuerst die C-Dur-Tonreihe. Als er am nächsten Tag von der Arbeit in einem Architekturbüro zurückkam, hatte sich das Kind bereits sämtliche Tonarten selber beigebracht und seinen Vater damit nicht wenig überrascht. Dieser erkannte damit das absolute Gehör seines kleinen Sohnes und war sich schon damals sicher, dass Werner eines Tages zum Pianisten heranreifen würde, was ihm selbst durch die damaligen Verhältnisse in einer kinderreichen Familie ohne das früh verstorbene Familienoberhaupt verwehrt gewesen ist. Die Übungen am Klavier wurden für das Kind zur reinen Freude. Vom Vater erbat es sich jede freie Minute am Abend oder an Wochenenden zum Lernen des Klavierspiels, hingebungsvoll hörte er den Vater große Werke der Klassik spielen und begann früh, langsame Sätze von Beethoven-Sonaten zunächst nach dem Gehör zu spielen. Bis weit in seine Schulzeit hinein hatte Werner in Vater Meinrad den idealen Lehrer, der das Kind nie überforderte und ihn nur Werke spielen ließ, die Werner mit seinen kleinen Händen greifen konnte. Wie unendlich einfühlsam und mit großer Liebe Meinrad Haas junge Menschen zum Klavierspiel hinführte, zeigte eine kleine Begebenheit in einer Zeit, in der er seinen Dienst als Oberstudienrat in einer Stuttgarter Baufachschule altershalber aufgab und sich ausschließlich kleinen Klavierschülern widmete, die ebenso wie sein eigenes Söhnchen mit Freude zu ihm kamen und sich ohne Zwang auf die Stunde vorbereiteten. Isolde erinnerte sich an den kleinen ca. 6-jährigen Thomas, der eines Tages mit einem Tretroller um die Ecke zur Klagenfurter Strasse schoss und Isolde, die gerade aus dem Haus trat, voll Freude zurief:"Ich kanns, ich kanns!" Stolz zeigt er ihr die Noten eines Mendelssohn-Liedes, das er dann seinem geliebten Lehrer vorspielte. Diesem eröffnete er danach, dass sein Freund eine sehr strenge Klavierlehrerin hat, die von ihm verlangen würde, alle bei ihr geübten Stücke auswendig zu lernen. "Aber Thomas", sagte Meinrad Haas zu ihm, "bei mir lernst Du doch auch alle Stücke auswendig!" Darauf der Kleine: "Ich darf – aber ich muss nicht!"

So "durfte" auch Werner, aber "musste" nicht Klavier spielen! Möglich, dass seine unfehlbare Musikalität früh schon diesen unabdingbaren Wunsch in die Kinderseele pflanzte, sein Leben dem Klavierspiel zu widmen – jedenfalls hatten beide Elternteile großen Anteil an seiner Entwicklung und die vielen Hauskonzerte mit Mutter Martha als hervorragend ausgebildete Sopranistin und dem Vater als ihr Begleiter von Schumann/ Schubert/ und Hugo Wolf-Zyklen beeindruckten beide Kinder schon in frühen Jahren. Man wird sich daran erinnern, dass beide Kinder bis zum späten Abend unter dem Flügel saßen und dem Vortrag der Eltern lauschten, worauf dem damals 3-jährigen Werner Tränen über die Backen liefen und die Mutter besorgt fragte, ob er denn weine, weil er ins Bett gehen muss? Worauf das Wernerchen erwiderte: "Nein, wegen dem Schumann!"

Unzertrennlich war das Geschwisterpaar nicht nur in den Kinderjahren, von denen im Zusammenhang mit der gemeinsamen Kindergartenzeit und danach den ersten gemeinsamen Schuljahren bereits geschrieben wurde. – Werner ging, obwohl zwei Jahre jünger, mit seiner Schwester auch gleich in die Mädchenschule, weil er nicht allein in den Kindergarten wollte. Alleinsein war ihm verhasst, in den Kinderjahren schliefen die Geschwister zusammen in einem großen Bett und Werner hielt während der ganzen Nacht die Hand seiner Schwester. Lebhafte Träume ängstigten ihn, und Isolde war ihm in dieser Zeit Schutz und Schirm. Das änderte sich in seinen Jugendjahren grundlegend. Jetzt wurde er der Beschützer seiner Schwester und zeigte großen Mut, insbesondere in den Zeiten der Luftangriffe auf Stuttgart, in der beide oft schon unter Bombenhagel in den Tiefbunker eilten und dort Menschen trafen, die bei jeder Erschütterung durch Einschläge vor Schreck losheulten. "Nie würde ich mich so gehen lassen, auch wenn eine Bombe in meiner Nähe explodiert!" sagte er zu seiner Schwester und verlangte auch von ihr diese Standhaftigkeit. In diesen schlimmen Jahren waren die beiden auf sich selber angewiesen, der Vater war mit seiner Schulklasse in Weil der Stadt und die Mutter als Sängerin im Pforzheimer Theater engagiert.

Um weitere Wiederholungen zu vermeiden, soll nun die Schulzeit übersprungen werden, um einzutauchen in die unzertrennlichen Bande der Freundschaft, die sich ab dem 18. Lebensjahr des Pianisten mit seinem Biographen entwickelte.

Vorüber war der 2. Weltkrieg mit allen Schrecken und Gefahren, mit der Währungsreform 1948 normalisierte sich langsam das Leben in Deutschland zunächst auf niedrigstem Niveau. DM 30.- "Kopfgeld" nivellierte die Überlebenden und zeugte eine materielle Gleichheit, mit der sich zur neuen Freiheit vielfach auch die Brüderlichkeit nach den Idealen der französischen Revolution gesellte. Während die Generation der Väter und Mütter in den Nachkriegsjahren alle Kräfte bündelten, um äußere Ordnung zu schaffen und Zerstörtes wieder instand zu setzen, fanden sich junge Menschen in unserem Alter schnell in engen Freundschaften zusammen, um die Bedrängnisse der Jugendjahre wie auch die kargen Nachkriegsjahre in den Hintergrund zu drängen und zu neuem Lebensmut zu finden. Kulturelle Veranstaltungen waren noch eine Seltenheit – z. B. ein Klavierabend von Wilhelm Backhaus im Furtbachhaus in Stuttgart. Es war wohl der erste Klavierabend, den ich zusammen mit Werner und seiner Familie besuchte, gleichsam der Beginn meiner musikalischen Schulung durch Werner. In diesen Jahren waren wir beide zusammen mit seiner Schwester Isolde Mitglieder im Feuerbacher Kirchenchor, den Vater Meinrad nach seiner Rückkehr aus der französischen Gefangenschaft Ende 1947 ins Leben rief und bald schon ca. 60 Sängerinnen und Sänger um sich versammeln konnte. Es wurde schnell eine verschworene Gemeinschaft, die begeistert den oft hohen Ansprüchen des liebenswerten Chorleiters gerecht zu werden versuchte. Kleine Messen von Mozart und Schubert mit Solisten und Instrumentalisten wurden mit viel Engagement einstudiert und an hohen Feiertagen in der Kirche St. Josef in Feuerbach, einmal auch bei einem Stiftungsfest von Vater Meinrads Studentenverbindung, den Alanen, in der Kirche St. Eberhard in Stuttgart-Mitte aufgeführt. Dort sang Isolde die Sopranpartie. Auch sie hatte eine unfehlbare Sicherheit und Taktfestigkeit, was den anderen drei Solisten viel Halt gab. In dieser Zeit war Werner schon Student der staatlichen Musikhochschule in Stuttgart, wovon bereits die Rede war. Mit unendlicher Geduld führte er den Freund in die interpretatorischen Feinheiten des großen klassischen Repertoirs ein und begann mit den Klavierkonzerten und den Symphonien von Tschaikovski, wo wir die 6. Symphonie oftmals mehrere Male hintereinander hörten und durch die Intensität des Dirigats von Toscanini tief beeindruckt waren. Dann wurden auch schon Symphonien von Bruckner gehört, und zwar gleich von unterschiedlichen Dirigenten wie Furtwängler, Bruno Walter und Toscanini. Satz für Satz wurde – oft nächtelang – miteinander verglichen und von Werner auf Besonderheiten in Tempi und Modulationen hingewiesen. Dem Freund war diese intensive Schulung unschätzbar viel wert, hatte er doch zuvor bestenfalls Opern und eben die klassischen Werke der Kirchenmusik beim Chorsingen kennen gelernt.

Mangels geeigneter Konzerträume spielte sich das Konzertleben in Stuttgart oftmals auch in Kinosälen und Mehrzweckhallen ab. Sein erstes Klavierkonzert mit dem Stuttgarter Hochschulorchester unter der Leitung von Wilfried Emmert spielte Werner Haas 1949 im so genannten "Jahn-Singsaal" in Stuttgart-Feuerbach. Ein Jahr später folgte das bekannte Klavierkonzert von Edvard Grieg mit dem Feuerbacher Stadtorchester, das Helmut Haase leitete. In diese Zeit fiel auch – wieder in einem Kinosaal seiner Heimatstadt – ein wunderbarer Abend mit Liedern von Hugo Wolf, bei denen Werner seine Mutter Martha Haas am Flügel begleitete, abwechselnd mit Eichendorf- und Novalis-Gedichten mit Erich Ponto und Edith Herdegen. Martha war auch mit Wolfgang Windgassen, dem berühmten Wagner-Tenor, gut befreundet und veranstaltete mit ihm einige eindrucksvolle Liederabende. Menschen, die diese karge Zeit erlebten, können sich sehr wohl vorstellen, welche starken Eindrücke die Zuhörer solcher Veranstaltungen empfunden haben. Dem Biographen jedenfalls blieben sie in unauslöschlicher Erinnerung.

So kamen wir beide als verschworene Gemeinschaft in die 20er Jahre unseres Lebens, der Freund dem Pianisten ½ Jahr voraus. Für Urlaubsreisen hatten beide kein Geld, so verbrachten wir heiße Sommertage im nahen Freibad und fanden dort schnell Anschluss an ein weibliches Geschwisterpaar, von denen es die kleine Marianne dem schon renommierten Pianisten besonders "angetan" hatte. Das hübsche Mädchen hatte nicht viel Ahnung von klassischer Musik – viel weniger noch von Klavierliteratur, doch war es wohl ihr mädchenhafter Zauber, ihre Zurückhaltung und Unvoreingenommenheit, die Eindruck auf Werner machten. Einen Sommer lang hielt diese Freundschaft, ehe dann weitere weibliche Wesen das Interesse des Pianisten weckten. Sonja Diemer, die Tochter aus einer bekannten Ebinger Architekten-Familie mit musikalischer Ausbildung und auch bildhauerisch

Büste Werner Haas von Sonja Diemer-Grünastel

tätig war für einige Jahre die "Favoritin" des Pianisten. Oft nahm sie Gesangstunden bei Martha Haas, was dieses Verhältnis noch begünstigte. Da Werner jedoch keinerlei Interesse an einer ehelichen Bindung und das Klavierspiel stets den Vorrang vor allen anderen Bindungen – auch der freundschaftlichen mit dem Biographen – hatte, ehelichte Sonja Diemer schließlich den sehr erfolgreichen Bauingenieur Grünastel, konnte aber bis zum heutigen Tage die Zeit mit Werner nicht verdrängen. So entstand aus ihrer Hand zum Gedächtniskonzert am 30. Todestag eine bemerkenswert lebensnahe Büste des Pianisten, die jetzt im Musikraum in seinem Heimathaus steht.

Isolde, Werner und Johannes auf Bergesgipfel

Nach Sonja war die Schweizerin Edith Jenny diejenige, die bis zu seinem Unfalltod vergeblich darauf hoffte, dass Werner seine Abneigung gegen eine eheliche Bindung doch noch überwinden könnte. Sie war es auch, die mit Ihrem kleinen Fahrzeug zu Werners letztem Konzert in Cain bei Paris fuhr und ihn 2 Tage später bat, mit ihr nach Stuttgart zurück zu fahren und die Flugkarte zu stornieren. Auf dieser Fahrt ereignete sich dann der tragische Unfall, den nur Edith Jenny – schwer verletzt – überlebte.

Das unzertrennlich Trio Werner, Isolde und Johannes verbrachte gemeinsame sommerliche Urlaubswochen Anfang der 60er-Jahre zunächst auf Zeltplätzen im Süden Frankreichs, in der Nähe der Städte Avignon, Arles und Nimes. Mitunter waren diese Reisen auch verbunden mit einer Konzertverpflichtung Werners unter freiem Himmel in Carpentras. Der „Gipfelsturm" auf die Französischen Alpen zählte in diesen Tagen zu den unvergesslichen Erlebnissen.

Litfasssäule in Paris mit Ankündigung des
Klavierkonzertes Werner Haas als Solist
(mit Isolde und Meinrad Haas)

Werner war bereits durch zahlreiche Konzerte in Paris und in anderen französischen Städten sowie durch Fernsehsendungen und Interviews bereits eine bekannte Persönlichkeit in französischen Musikerkreisen. So wurde uns Frankreich immer vertrauter und blieb es bis zum heutigen Tag. Oft begleiteten wir ihn auch zu Konzerten im Salle Pleyel und im Théatre de Champs Elyssées. Es waren stets Glanzpunkte seines Musikerlebens, und die Rezensionen in Pariser Zeitungen wie in Le Figaro nach einem Klavierabend – wie bereits eingangs beschrieben – waren überragend und förderten seinen Bekanntheitsgrad.

Dann, 1962, begann ein Umbau in der Klagenfurter Strasse: Das Dachgeschoss wurde mangels Wohnraum durch zwangsweise Vermietungen zu Wohnräumen ausgebaut. Vater Meinrad zeichnete als Architekt die neuen Wohnräume; Werner und Johannes betätigten sich als Handwerker und Zimmermänner mit dem Verlegen elektrischer Leitungen und der Neugestaltung des Dachgebälks. So entstanden drei neue Wohnräume und ein kleines Badezimmer im Dachgeschoss für die Familienplanung von Isolde und Johannes, die am 27. April 1963 heirateten.

120

Hochzeitsbild mit Isolde, Werner u. Johannes

Auch Werner hatte ein Zimmer im Dachgeschoss, das kleine Bad wurde gemeinsam genutzt. Als sich dann am 23. Juni 1964 die Familie mit der Geburt von Söhnchen Michael-Stephan vergrößerte, fand sich Werner schnell in die Rolle des immer präsenten Patenonkels und wurde wegen häufiger beruflicher Abwesenheit des Vaters gewissermaßen zum "Vaterersatz".

Das ging dann so weit, dass das Kind als 4-jähriger am Telefon auf die Frage des Anrufers nach dem Vater antwortete: "Welchen?" Sowohl Opa Meinrad wie auch Werner waren neben dem "richtigen" Vater gleichrangig und genossen höchste Autorität. Naheliegend war es auch, dass Michael-Stephan die ersten Klavierstunden im Kindesalter von seinem geliebten Paten erhielt, danach vom Opa und nach dessen Tod am 10.01.1979 bis zum heutigen Tag vom Freund des Hauses, dem Pianisten Rolf Sturm.

Unvergesslich waren heitere Sommerwochen ab den Jahren 1962 in Brigels, Graubünden. Dort hatte die am Zürcher Theater engagierte

Werner, an der Hand Klein-Michael

Patensohn Michael-Stephan

Schauspielerin Margarete Carl, die Sprech- und Schauspielunterricht bei Martha Haas nahm, zusammen mit dem bekannten Schweizer Kunstmaler Alois Carigiet ein reizvolles Bündner Chalais am Abhang zum Oberrheintal gebaut und wochenweise im Sommer an die Familie Haas vermietet.

Ein Jahr zuvor, also 1961, wohnte die Familie noch in Trun im Haus des Kunstmalers und erlebte dort die Entstehung eines der berühmtesten Ölgemälde von Carigiet, dem Auerhahn. Seine zauberhaften Kinderbücher, von Carigiet erdichtet und bemalt mit der Hauptfigur "Schellenursli" sind weit über die Schweizer Grenzen hinaus berühmt und beliebt.

Die verhängnisvollen 70er Jahre begannen mit Sommerferien auf der Insel Elba, wobei die junge Familie mit dem 6-jährigen Michael-Stephan auf der Überfahrt von Piombino nach Porto Ferraio den australischen Dirigenten Charles Mackerras durch eine nette Begebenheit näher kennen lernte. Mackerras stand an der Rehling des Schiffes und sagte zu Isolde: "Ich wag's!" Darauf Isolde: "Nein, um Gottes Willen, das kann doch nur Herbert von Karajan!" (In

Urlaubstage in Graubünden mit Isolde und Klein-Michael

Musikerkreisen kursierte seinerzeit der Witz, dass Karajan sich mit Christus beim Gehen über das Wasser vergleichen wollte). Mackerras erkannte auf diese Weise die musisch interessierte Reisebekanntschaft und lud die junge Familie spontan ein, ihn und seine sehr liebenswerte Frau in seinem "Eiland within an Eiland" während seiner Ferienwochen zu besuchen. Als dieser Besuch in den letzten Urlaubstagen stattfand, war die Bewunderung ob dieses sehr geschmackvollen Bungalows am Meeresgestade in einer Bucht bei Capoliveri groß. Einmal hatte er den Bungalow an Mitglieder der königlichen Familie aus England vermietet; das aber käme nie mehr in Frage und er würde nur noch an Menschen vermieten, die wie er Musiker sind und demzufolge sein Ferienhaus gut behandeln.. Wir fühlten uns angesprochen und erhielten von einer seiner Konzertreisen mit dem Londoner Kammerorchester, dessen Chefdirigent er war, die spontane Zusage, im Jahr darauf (1971) für 4 lange Sommerwochen dieses zauberhafte Ferienhaus mietweise bewohnen zu dürfen.

Vorplatz des Ferienhauses
von Charles Mackerras

Es wurden unvorstellbar schöne Ferien mit den Eltern von Isolde und dem kleinen Michael, der dort im Dickicht eine ausgesetzte Hundefamilie fand und diese auf dem Vorplatz des Ferienhauses mitsamt der abgemagerten Hundemutter betreute. Letztere nannten wir "Bella" und nahmen sie später mit nach Stuttgart. Zuvor aber verschenkten wir 10 reizende Welpen auf Zeltplätzen an Tierliebhaber.

Zu unserem großen Bedauern konnte Werner diese ersten Elba-Ferien nicht zusammen mit uns erleben, da er in diesen Wochen Schallplatten mit dem Tschaikowsky – Klavierkonzert b-moll in Monte Carlo mit dem Orchestre National de l'Opéra de Monte Carlo unter Leitung des GMD Eliahu Inbal aufnahm. Wir hatten ihm dann vorgeschlagen, die relativ kurze Strecke nach Elba zu fahren und mit uns zusammen noch einige Urlaubswochen zu verbringen. Er lehnte dies jedoch ab, weil er zu Hause seine neue Wohnung im Erdgeschoss des elterlichen Hauses renovieren wollte und später wegen Konzertverpflichtungen keine Zeit mehr dafür gefunden hätte.

Und was geschah dann in der Klagenfurter Strasse 57?

Werner bestellte einen Baucontainer unter ein Fenster und begann damit, aus 2 Zimmern durch Herausschlagen einer Trennwand ein großes Musikzimmer zu machen! Nicht wenig staunten da die Bewohner der Häuser zur Linken und zur Rechten wie auch der gestandene Handwerksmeister Rolf Niethammer, Inhaber der gegenüberliegenden Schlosserei, als sie einige Wochen keine vertrauten Klavierklänge mehr aus dem Musikerhaus hörten und dagegen sahen, wie der Klaviermeister sich plötzlich als Maurer betätigte und mit dem Schubkarren die mit einem schweren Vorschlaghammer heraus gebrochenen Mauerteile über eine Diele auf den Container fuhr.

Rolf, gleichen Alters wie Werner, war von Mitleid gerührt und bot ihm an, mit seinen Mitarbeitern zu helfen. "Nicht nötig, Rolf" erwiderte daraufhin Werner, "Du siehst ja, ich kann das auch!" Nicht nur diese Schwerstarbeit verrichtete der sensible Pianist, auch komplizierte elektrische Leitungen mit Wechselschaltung und Dimmer verlegte er ohne Hilfe eines Elektrikers. Hat man da noch Worte?

Hätte Werner seinerzeit allerdings geahnt, dass er die letzte Möglichkeit versäumte, zusammen mit beiden Eltern auf Elba Urlaubstage zu verbringen, so wäre seine Entscheidung sicher anders ausgefallen. Am 26. April des darauf folgenden Jahres (1972) starb Martha Haas nach schwerer Krebserkrankung. Sie wurde zuvor monatelang zu Hause von allen Familienmitgliedern gepflegt und war nur jeweils wenige Tage zu Bestrahlungen in der Frauenklinik Stuttgart-Berg. Das war ein furchtbar schwerer Verlust für die ganze Familie; diese geistreiche und liebenswerte Frau war uns allen und auch für eine große Schülerschar ein nicht zu ersetzendes Vorbild an Disziplin und Lebenskraft bis zum letzten Atemzug gewesen, den sie und die dabei gegenwärtige Familie bewusst erlebten. Werner verlor mit ihr eine große Hilfe bei den Vorbereitungen zu Konzertauftritten. Durch Konzentrations- und Atemübungen konnte er jede Nervosität schon im Keim ersticken und ohne Lampenfieber das Podium betreten, um in völliger Gelöstheit den großen Klavierabend zu beginnen. Nun musste er versuchen, ohne die Ratschläge der mütterlichen Beraterin zurecht zu kommen. Das ist ihm in den folgenden Jahren auch in bewundernswerter Weise gelungen.

In den Sommerwochen dieses tragischen Jahres jedoch begleitete er zum ersten Mal die junge Familie und Vater Meinrad nach Elba, wo wiederum das Haus von Charles Mackerras gemietet wurde. Alle fühlten wir dabei die geistige Anwesenheit von Martha Haas, die noch im Sterben von den Urlaubstagen auf Elba schwärmte und diese Tage als die schönsten ihres Lebens bezeichnete.

Wie in diesem Jahr begleitete uns Werner auch in den folgenden Jahren nach Elba Er liebte diesen Ort sehr und konnte sich beim gekonnten Fahren mit Wasserski und bei ausgedehnten Spaziergängen von den Strapazen konzertanter Verpflichtungen erholen.

Werner Haas und die Anthroposophie Rudolf Steiners

Möglich, dass Lehrer Keller nach seinem Bekenntnis als ehemaliger Waldorflehrer schon früh sein Interesse an dem Buch Rudolf Steiners "Philosophie der Freiheit" weckte; möglich auch, dass spätere Begegnungen mit bedeutenden Persönlichkeiten wie Dr. Erwin Schühle oder Hans-Werner Schroeder ihn zum intensiven Studium des umfassenden anthroposophischen Schriftgutes veranlasste – was immer der Pianist in seinem Leben anpackte, führte er so gründlich wie sein Musikstudium und die unablässige Erweiterung seines musikalischen Repertoirs durch und ließ es nie bei Halbwahrheiten bewenden.

Der Biographie eines der berühmtesten Dirigenten des 20. Jahrhunderts – Bruno Walter – entnahm er, dass dieser im reifen Alter ein überzeugter Anhänger der anthroposophischen Geistesrichtung wurde, der den Gründer der Anthroposophie, Dr. Rudolf Steiner (1867 bis 1925) als weitaus bedeutendsten Philosophen seiner Zeit erkannte.

Bruno Walter hat ein Buch mit dem Titel "Von der Musik und dem Musizieren" geschrieben, das 1986 durch den S. Fischer-Verlag Frankfurt veröffentlicht wurde. Aus diesem Buch wird nachfolgend wörtlich zitiert:

"Mir ist in hohem Alter das Glück zuteil geworden, in die Welt der Anthroposophie eingeführt zu werden und mich im Lauf der letzten Jahre in die Lehre Rudolf Steiners versenken zu können. Hier lebt und wirkt jenes Rettende im Hölderlinschen Sinn; sein Segen hat sich auch auf mich ergossen, und so soll denn dieses Buch mit dem Bekenntnis zur Anthroposophie ausklingen.

Es gibt kein Gebiet meines Innenlebens, das nicht von der hohen Lehre Rudolf Steiners neues Licht und entscheidende Förderung empfangen hätte. Doch wage ich hier nur als Musiker zu sprechen – ich müsste mich sonst ins Grenzenlose verlieren. Als solcher aber durfte ich nach anfänglicher Verwunderung und späterer tiefer Genugtuung aus den Strahlen, die aus der anthroposophischen Lichtquelle auch auf die Musik fallen, erfahren, dass ich vom dunklen Drang meiner Jugendjahre wie vom folgenden bewussten Suchen nach Erkenntnis auf den rechten Weg gewiesen worden war, und dass die aus meinem Musikertum entstandenen Gedanken über Ursprung und Wesen der Musik vor der anthroposophischen Anschauung bestehen können. Ja, mehr als das: sie finden in der erhabenen Weltschau Rudolf Steiners eine unendlich vertiefte, weisheitsvollere Begründung und eine Erweiterung, wie sie mir mein Musikertum allein nie hätte gewähren können, und die meine mehr intuitive Erkenntnis zur Gewissheit machten. Nichts hätte mich über die angeborene Richtung zur Anthroposophie überzeugender aufklären können als die Erfahrung, dass der grundlegende Teil dieses Buches, der lange vor meiner Berührung mit der Lehre Rudolf Steiners geschrieben war, seine wesentliche Gültigkeit auch im Scheine der mir so spät gewordenen höheren Erkenntnis bewahrte. Freilich, die Einheitlichkeit dieses meines musikalischen Testamentes fand ich durch die bis dahin nicht geahnte plötzliche Geistesfülle, die mitten während meiner Abfassung mein Leben überflutete, in Frage gestellt. Da aber, wie gesagt, der damals vorhandene Teil des Buches im wesentlichen mit den Aufschlüssen und Aussagen Rudolf Steiners über die Musik wunderbar übereinstimmte, so fühlte ich mich ermutigt, den einmal eingeschlagenen Weg fortzusetzen; mit anderen Worten, weiterhin als fachlicher Musiker zu schreiben und nicht als Anthroposoph. Was ich hier geschrieben, ist also nicht auf dem Boden der Anthroposophie entstanden, doch fühle ich mich in dem kühnen Glauben sicher, dass sie es im Wesentlichen billigen kann. Eine aus der anthroposophischen Weltschau entstandene Deutung der Musik ist erst zu erwarten, und es wird Sache erfahrener Jünger Rudolf Steiners sein, als ich es bin, sie der Welt zu schenken. Sie wird nicht weniger als eine grundsätzlich neue Methode einer, ich möchte sagen, elementarischen musikgeschichtlichen Darstellung im Zusammenhang mit ihrer integralen Einordnung in die allgemeine Geistesgeschichte der Menschheit schaffen und als systematische Ausgestaltung anthroposophischer Ideen über Wesen und Bedeutung der Musik die menschliche Weite und Fruchtbarkeit seiner

GMD Bruno Walter

Lehre bestätigen. Ich bin mir klar, dass ein solches Werk nicht meine Sache sein kann – eine andere, eine tiefere Vertrautheit mit dem Lehrgebäude, das Rudolf Steiner errichtete, wäre dazu erforderlich als die, die ich mir in wenigen Jahren meiner Bemühungen hatte erwerben können. Doch drängt es mich, all das, was ich hier als Musiker geschrieben, mit einem Wort an die Anthroposophie zu beschließen. Denn – ich wiederhole es – groß ist meine Dankbarkeit für die unermessliche Bereicherung, die sie meinem hohen Alter gewährt hat. Es ist herrlich, in meinem Alter noch einmal Schüler geworden zu sein. Ich fühle in meinem ganzen Wesen die Verjüngung, die stärkend und erneuernd auch auf mein Musikertum, ja auf mein` Musizieren wirkt. Diese besondere Dankbarkeit des Musikers geht aber völlig auf an dem überwältigenden Gefühl einer allgemeinen Dankbarkeit, das mich erfüllt, und das zu bekennen es mich drängt. In dieses Gefühl mündet nun mein wechselvolles, vielbewegtes, musikgesegnetes Leben: In Dankbarkeit lebe ich, blicke in die Vergangenheit, blicke in das Künftige – und blicke nach oben."

Anfang der 60er Jahre bildete sich in der Erdgeschosswohnung des Pianisten ein Lesekreis um Dr. Erwin Schühle mit Werner, seinen Eltern, Isolde, Johannes und 2 Damen aus dem Bekanntenkreis von Dr. Schühle. Von letzterem gelesen und erläutert wurde das Buch nach Vorträgen Dr. Steiners über die "Johannes-Offenbarungen". Dr. Schühle war Rechtsanwalt und wurde nach seiner Heirat mit der Tochter des Gründers der Christengemeinschaft, Dr. Rittelmeyer, Priester dieser anthroposophischen Religionsgemeinschaft.

Weit über ein Jahr wurden Woche für Woche diese Steiner-Vorträge gelesen und der sonst schwer verständliche Inhalt von Dr. Schühle in einer Weise erläutert, durch die sich dem Hörerkreis die geistigen Hintergründe dieser Offenbarungen mehr und mehr erschlossen. Oft machte sich Werner Notizen, um über das Gelesene in Ruhe nachzudenken und beim nächsten Zusammensein mit Dr. Schühle zu klären. Bis in die letzten Monate seines Erdenwirkens bewegten den Pianisten Gedanken um den "Phantomleib" der Christuswesenheit, schon in Jugendjahren war ihm ein Weiterleben

Dr. Erwin Schühle

der geistigen Substanz des Menschen auf einer höheren Ebene des menschlichen Bewusstseins selbstverständlich. Wiederholte Erdenleben, also die Reinkarnation der Geistseele in einem neuen Körper, war für ihn absolut überzeugend und bedurfte keiner weiteren Erklärung. Volle Bücherregale, in denen außer nahezu allen bedeutenden Malern und Bildhauern zahlreiche Biographien großer Persönlichkeiten und natürlich auch ein umfassendes anthroposophisches Schriftgut zu finden war, zeugten vom großen literarischen Interesse des Pianisten. Bücher, die von übersinnlichen Wahrnehmungen berichteten. So auch die Übermittlungen des am 10.01.1884 geborenen und im Alter von 31 Jahren am 02.06.1915 in Frankreich gefallenen Komponisten Botho Sigwart Graf zu Eulenburg waren für Werner Haas absolut authentisch und glaubwürdig. Die Familie des Grafen war eng befreundet mit Richard Wagner und Dr. Rudolf Steiner; der Vater des Grafen wurde 1900 von Kaiser Wilhelm II in den Fürstenstand erhoben und war dessen Freund und Vertrauter. Seine Geschwister, insbesondere die Schwestern Lycki und Tora, später auch seine Schwägerin Marie empfingen über einen Zeitraum von 35 Jahren diese Mitteilungen aus der geistigen Welt, die später in einem Buch mit über 400 Seiten veröffentlicht wurden. "Brücke über den Strom" ist der

Titel dieses vom Oratio-Verlag Schaffhausen herausgebrachten Buches. Es wird vom Autor dieser Biographie allen Freunden des Pianisten, die über den "irdischen Tellerrand" hinauszublicken vermögen, ans Herz gelegt. Der Leser findet darin auf Seite 157 ein Gebet, das täglich gesprochen werden sollte und im weitesten Sinn wahrhaftig eine Brücke zur geistigen Welt bildet:

Ich stehe vor Dir, Erleben und Tat!
Ich schöpfe noch einmal Kraft aus Dir, Herr.
Höre mich!
Und wenn ich ganz umhüllt in der Nächte Gedunkel
ringe nach Atem, der Dir entsprang,
so lass mich gedenken der Tage und Stunden,
da ich noch eins mit Dir war.
Nur ein Gedanke, voll und tief aus dieser Zeit
erfülle mich!
Dann, Stunde, die wie Alp auf mir lastet,
bin ich befreit von Dir.
Und bist Du noch so groß, mein Wunsch,
ich wünsche Dich, –Vater –
weil Du allein mich hebst aus allem Dunkel
dem Licht entgegen, das leuchtend Dich umhüllt.
Du, Gewalt und Liebe,
Heimat der Vergangenheit!
Das Durchleben meiner Seele Seligkeit,
ein Moment nur ist genug, um Neues zu erschaffen.
Dieses Neue ist: von Neuem Eins zu werden mit Dir, Vater!
Dass aus meiner Heimat Urgewesenem,
neue Heimat auferstehen soll,
wo der alte Gott noch einmal neu und jung
sich mir vermählt –
das erbitte ich, Herr der Gnaden,
eh' ich tret' auf harten Stein.-
Denn im Augenblick des Erinnerns
werden Steine – Rosen sein. –

Außer Martha Haas als Protestantin waren alle Familienmitglieder einschließlich dem Freund Johannes im katholischen Glaubensbekenntnis erzogen und aufgewachsen, doch hinderte das den Pianisten keineswegs, die kindliche Auslegung zahlreicher Dogmen – insbesondere der "Auferstehung am jüngsten Tage" in Frage zu stellen.

Das unverständliche "Zölibat" wie die strikte Ablehnung, auch Frauen zum Priesteramt zuzulassen, waren einige der Gründe, sich schon in frühen Jahren der Glaubenserneuerung im Sinne der von Dr. Friedrich Rittelmeyer nach Angaben Steiners gegründeten Christengemeinschaft zuzuwenden. Beeindruckt war er von einem Besuch der großen Kirche dieser Glaubensgemeinschaft in Berlin anlässlich eines Klavierkonzertes mit den Berliner Symphonikern, dem das bereits geschilderte dramatische Ereignis auf der Durchfahrt durch die sowjetisch besetzten Zone vorausging (S. 35). In der Zeit von 1962 bis 1968 leitete Hans Werner Schroeder diese stetig wachsende Gemeinde.

Ihn kannte Werner Haas aus dessen Stuttgarter Zeit als Priester der Gemeinde Stuttgart-Mitte und versäumte keine Ansprache, keinen christologischen oder auch weltlichen Vortrag dieses Priesters, dessen Bücher er mit großem Interesse las. (Schroeder wurde nach seiner Zeit in Berlin nach Stuttgart gerufen, um später die Leitung des Priesterseminars in der Spittlerstrasse 15 als Nachfolger von Dr. Friedrich Benesch zu übernehmen. In dieser Zeit wurde ihm die hohe Würde des Oberlenkers übertragen, im kath. Klerus vergleichbar mit dem Amt eines Kardinals).

Die freundschaftliche Verbindung Werners und seiner Mutter übertrug sich in späteren Jahren nach der Emeritierung Schroeders auf Isolde und Johannes. Beide hatten sich nach der Jahrtausendwende entschlossen, der Christengemeinschaft beizutreten, die grundsätzlich nicht missioniert und nur dann Mitglieder aufnimmt, wenn sie der Anthroposophie nahe stehen. Wie weit sich Werners geistige Ausrichtung auf seine Familie übertragen hat, lässt sich daran messen, dass sein Patensohn Michael-Stephan ebenso wie dessen beide Söhne Julian und Philipp die Waldorfschule besuchten. (Im Jahr 2004 wurde Julian und 2 Jahre später auch Philipp in der Christengemeinschaft Stuttgart Nord von den Priestern Dreißig, Weinmann und Torunsky zur Konfirmation geführt).

In der Zeit der Leseabende mit Dr. Erwin Schühle hatte dieser den Wunsch geäußert, Werner möge einen vorbereiteten Klavierabend gewissermaßen als Generalprobe im großen Weiheraum der Gemeinde Stuttgart – Mitte spielen. Dieser Klavierabend wurde für die Zuhörer zu einem unvergesslichen Ereignis; die meditative Stimmung des Raumes übertrug sich auf den Pianisten und auf die Zuhörer in wunderbarer Weise.

Töne und Sprechlaute durch deutende Bewegung von Händen, Armen, Körperhaltung und choreographisch vorgezeichnete Gänge sichtbar zu machen wird durch die Eurythmie möglich, die Rudolf Steiner ca. 1o Jahre vor seinem Tod zusammen mit Tatjana Kisseleff und Annemarie Dubach-Donath zu einer neuen, hochkarätigen Kunstform entwickelt.

Bereits Ende der 50er Jahre begann sich das Interesse der Haas- Familie durch Besuche der Eurythmie-Aufführungen im Stuttgarter Eurythmeum in wachsender Weise zuzuwenden. (Frau Else Klink als langjährige Leiterin der bekannten Stuttgarter Eurythmiegruppe verfolgte ihrerseits die zunehmende Bedeutung des Pianisten und war in späteren Jahren freundschaftlich mit seiner Familie verbunden.Kurze Zeit nach dessen Unfalltod veranstaltete Else Klink im Bühnensaal des Eurythmeums ein Gedächtniskonzert für Werner Haas.)

Micaéla Mohr, eine Schülerin von Else Klink, gab neben ihrer hauptamtlichen Tätigkeit am Priesterseminar auch Unterricht für sogenannte Laien. (Jeder werdende Priester der Christengemeinschaft absolviert eine eurythmische Schulung auch dann, wenn er von Natur aus nicht eben sehr begabt für diese Bewegungskunst ist. Hans Werner Schroeder erzählte später seinen Freunden, dass sich manche Seminaristen gerne außerhalb des Sichtkreises der strengen Lehrerin aufgehalten haben, um sich mit den etwas linkischen Bewegungen nicht den Tadel von Frau Mohr einzuhandeln. Auch Dr. Friedrich Benesch erinnerte sich des Unterrichts bei Micaela Mohr, in dem er auf seine Weise durch den Raum "geschwebt" sei …)

Eine ausgesprochen eurythmische Begabung zeigte Isolde, nachdem sie bereits 1961 einer Laiengruppe von Micaela Mohr beitrat und erreichte, dass 2 Jahre später auch Werner mit Freund Johannes nach anfänglichen Widerständen an diesen wöchentlichen Kursen teilnahmen. Daraus entwickelte sich dann eine überaus herzliche Freundschaft mit Micaela und Ihrem Gemahl Wilhelm, einem bedeutenden Kleinodienkünstler. In den verbleibenden 13 Jahren seines Lebens erlernte Werner neben allen Formen der Lauteurythmie auch die noch anspruchsvollere Toneurythmie, die ihn schließlich befähigte, das Nocturne op 15.2 von Chopin choreographisch mit allen Tönen, Tonarten, Intervallen und Pausen bei Klavierbegleitung seiner Lehrerin einer ausgewählten Schar von Zuschauern mit bewundernswerter Fertigkeit vorzuführen.

Ihre Bemühungen belohnte Werner dann auch oftmals durch Begleitung von Aufführungen der hervorragenden Eurythmistin Micaela Mohr, die sowohl im großen Saal des Rudolf-Steiner-Hauses in Stuttgart als auch im Goetheanum Dornach Toneurythmie mit seiner Klavierbegleitung darstellte. Das wiederum waren auch für Micaela unvergessene Höhepunkte ihres eurythmischen Wirkens, wobei sich manch einer der Zuschauer unversehens in einen Zuhörer mit geschlossenen Augen verwandelte, wie uns einmal Werners Arzt Dr. Gisbert Husemann erzählte.

Im Musikzimmer der Mohr-Wohnung in der Ameisenbergstrasse spielte Werner nach dem Tod seiner Musiklehrerin Lilly Groeber-Asche häufig als Generalprobe seine Klavierabend-Programme, und im gleichen Raum fanden vor besonderen Feiertagen (Ostern, Weihnachten) Leseabende statt, denen dann inhaltsvolle Gespräche über die gelesenen Themen aus Vorträgen Steiners folgten. Ausgedehnte Osterspaziergänge mit beiden Mohrs waren nicht selten, wobei sich der ansonsten schweigsame Kleinodienkünstler zu einem äußerst anregenden Gesprächspartner entwickelte. Das Entstehen großer Werke in seiner Werkstatt wie z.B. die 7 großen Planetensiegel an der Bühnenwand des Eurythmeums konnten die interessierten Freunde dabei hautnah miterleben.

Unvergleichbar sind auch Schmuckstücke aus Silber und Gold, die Wilhelm Mohr vorwiegend für ihm nahe stehenden Menschen anfertigte. So entstand in seinem letzten Lebensjahr (Wilhelm Mohr starb durch einen Herzinfarkt am 21.12.1980) eine wundervolle Lemniskatenbrosche aus Gold mit eingelegten Edelsteinen, die er für Isolde aus dem Gold von

Kleinodienkünstler Wilhelm Mohr

Manschettenknöpfen und Ringen der heimgegangenen Familienangehörigen anfertigte. Eine Abbildung dieser herrlichen Brosche sah eine Dame aus reichen anthroposophischen Kreisen und bestellte bei Wilhelmus – wie wir ihn später nannten – dasselbe Schmuckstück zu jedem Preis, den der Künstler dafür verlangen würde. Es war bezeichnend für die unbestechliche, integere Persönlichkeit von Wilhelm Mohr, dass er diesen lukrativen Auftrag ablehnte mit der Begründung, er sei zu solchen Kunstwerken nur fähig, wenn er sich diese zur Trägerin passend vorstellen könnte. Die wütende Reaktion der betreffenden Dame war ob dieser entwaffnenden Offenheit einigermaßen verständlich, jedoch auch Micaela hatte kein großes Verständnis für das Verhalten ihres Mannes angesichts ihrer spärlichen Einkommensverhältnisse.

Der Biograph erinnert den Leser zum Abschluss der Lebensbilder dieses großen Pianisten an Äußerungen von Rezensenten bedeutender Tageszeitungen, die in besonderer Weise kritische Betrachtungen von Konzerten und Schallplatten-Einspielungen abgeschlossen haben:

"Das Spiel von Werner Haas offenbart die Gewissheit auf eine große Zukunft." Gieseking hat einen Nachfolger. In Anschlag, Nuancierung und Vornehmheit des Stils ist Haas jetzt schon ein Meister.
(Herald Tribune, New York vom 06. Nov. 1960)

*"Werner Haas hat ein geistverwandtes, fließendes Gespür für ausge-
wählte Werke, ausgesprochen klaren Anschlag, der die Melodie zum
Höhepunkt führt und den Ton weiter klingen lässt. Das Klavier wird
zum singenden Instrument. Haas hat ebensoviel Eigenschöpferisches wie
Nachgestaltendes.* (Saturday Review, New York vom 29. Okt. 1960)

*"Die Leichtigkeit und Selbstverständlichkeit, mit welcher Werner Haas
den Zuhörer zu den Kompositionen führt, die aller Theatralik abholde
Spielkunst charakterisierten den über bloße Virtuosität hinaus weisen-
den Virtuosen"* (Berner Tagblatt, 04.11.1969,
nach dem zweiten Spätkonzert im Studio Bern)

*"Unter der Flut von Pianisten, die täglich die Pariser Konzertsäle über-
schwemmen, kenne ich nicht viele, welche die brillante Technik und
lächelnde Autorität von Werner Haas besitzen, der die Zuhörer in eine
erfrischende Euphorie zu versetzen vermag. Von den 17 Variations serieuses von Mendelssohn ist man auf Anhieb hingerissen durch seine
Gelöstheit, durch die betörende Schönheit des Klanges und durch das
Aufblühen dieser Musik, vorgetragen mit einer Schlichtheit , die den
Vorzug des begnadeten Künstlers darstellt … Mit seiner durchsichtigen
Klarheit, die nicht den Schatten einer Verzögerung aufkommen lässt,
ist Werner Haas in der Tat ein erregender Interpret Prokofieffs und
Ravels."* (Le Figaro, Paris vom 29.12.1974)

*"Die glühende Phantasie, die meisterhafte Beherrschung des Anschlages
und der Reichtum der Klangfarben, mit denen Werner Haas diese Werke
darbietet, sind wahrhaft außergewöhnlich. Es enthüllt sich die Größe des
Komponisten in der poetischen Fülle seiner Images und der Estampes, in
der Klarheit der Zeichnungen der beiden Arabesques, in der Intuition
des Unfassbaren der 24 Preludes, in der besonderen Wesentlichkeit der
Children's Corner, den Feinheiten der Suite bergamasque, der Virtuosität der 12 Etüden und der Tarantelle styrienne, der Werner Haas ein
unerwartetes rhythmisches Profil entlockt, sowie in dem eindrucksvollen
clavicembalistischen Charakter der Suite pour le Piano. Wir machen*

alle Musikliebhaber auf dieses Debussy-Album aufmerksam: Ein Grand Prix, der, versehen mit den Argumenten höchster künstlerischer Qualität, in der mondialen diskographischen Produktion dieses Jahres ein besonderes Gewicht hat". (GENTE, Milano vom 03. Juli 1970)

"Wie hob sich seine Interpretation vom Durchschnitt ab, welch lebendigen und brillanten Stil hatte sein Debussy- und Ravel-Spiel mit all jener phantasievollen Gewandtheit eines Pianisten, der geboren schien für französische Musik". (THE TIMES, London vom 13.11.1967)

"Beethovens Appassionata erklang in strenger Beherrschung und Klarheit. Ich muss gestehen, dass die Appassionata mir selten einen derartigen Eindruck machte – wahrscheinlich, weil Werner Haas es fertig brachte, eine außergewöhnliche Konzentration und Intensität bis zum Ende durchzuhalten". (NEUWE ROTTERDAMSE COURANT v. 24.04.1975)

"Chopin's Klavierkonzert e-moll op. 11 erklang wie eine Meditation. Der Pianist Werner Haas spielte feinfühlig und inwendig; das gab dem Mittelsatz den zarten Schleier einer lieblichen Romanze. Die perlenden Läufe der Ecksätze und ihre farbigen Klangbilder entsprachen ganz dem romantischen Ideal vom "blauen Klang". (Spandauer Volksblatt, Berlin vom 01.09.1965)

"Die schönste Leistung des Abends war die des jungen Stuttgarter Solisten Werner Haas, der kurzfristig für die erkrankte Altmeisterin (Elly Ney) eingesprungen war und demonstrierte, dass er sich zur ersten Klasse deutscher Pianisten zählen darf". (Stuttgarter Zeitung vom 03.01.1964 zur Interpretation von Beethovens Klavierkonzert Nr. 3 in Es-Dur)

"Fernab von allen Brutstätten und Tummelplätzen der internationalen, ins Inflationistische neigenden Wettbewerbe reift ein großer Interpret in der Stille heran und zieht aus, um die Welt nun ohne Teilnahme an dem fragwürdigen Preisgebaren von heute zu erobern.

136

Prognosen können fehlen, aber hier wagen wir vorauszusagen, dass diesem Nachwuchs-Pianisten tatsächlich die Welt von morgen gehört ... Dann folgen die Etüden op. 10 von Chopin: Wie Säulen stehen die langen Notenwerte des linken Systems des C-Dur, die rechte Hand perlt glasklare Kaskaden. Diese gestochene Virtuosität erlaubt Haas, die folgenden Etüden tempomäßig an den Rand des Möglichen zu rücken. Man zieht unwillkürlich Vergleiche zu der Elite der Chopinspieler, aber es ist vielleicht nur einer, der über dieselbe Souveränität des Technischen und Geistigen verfügt: Claudio Arrau. Nach dem kurzen Intermezzo der Ravel-Sonatine folgt dann der zweite Etüdenzyklus op. 25. Sie sind noch besser ausgearbeitet, noch vergeistigter. Ich glaube nicht, sie jemals so gehört zu haben".

(Stuttgarter Nachrichten vom 09.02.1960)

"Man glaubt, das viel gespielte Werk (Tschaikowsky-Klavierkonzert Nr. 1 b-moll) kaum so überwältigend, so hinreißend gehört zu haben wie von diesem jungen Pianisten. Was das Besondere, das Große an dem Spiel von Werner Haas ausmachte, war die absolute Einheit von Werk und Wiedergabe, wie sie immer nur dann da ist, wenn der Interpret selbst die absolute Einheit von "Technik" und "Ausdrucksgestaltung" erreicht hat. Es war alles, was in dieser Musik steckt, ohne Rest da — ein Erlebnis, das zu den stärksten gehört, die man im Konzert haben kann".

(Deutsches Volksblatt vom 02. Febr. 1956)

"Werner Haas ist ein Vollblutmusiker. Schon die delikat gespielte Mozart-Sonate F-Dur KV 332 ließ aufhorchen. Sein Bestes aber gab er in der größten Sonate von Schubert, der nachgelassenen in B-Dur.
Er verdient schon allein dafür Lob, dass er sie auf das Programm zu setzen wagte. Gespielt hat er sie bewundernswert. Man merkte, mit welcher Liebe sich der Künstler in jede einzelne Phrase versenkt hat, und doch verlor er sich nicht in Einzelheiten, alles floss in natürlichem Zug dahin. Jede Taste singt unter seinen Fingern, selbst das stärkste Forte klingt nie aufdringlich. Sein Spiel ist Poesie!"

(Stuttgarter Zeitung vom 03. Nov. 1955)

"Von welchem Pianisten der jüngeren Generation hört man heute noch Mozart in einer so glasklaren, locker und perlend-delikaten Wiedergabe, die gleichzeitig so warm empfunden und mit echt Mozartscher tiefsinniger Heiterkeit gestaltet ist? Oder wann hört man von einem jüngeren Pianisten einmal eine der herrlichen Sonaten von Franz Schubert? Werner Haas gelang es, die weit gespannten Melodiebögen der B-Dur-Sonate op. posth. mit dem großen Atem seines tiefen musikalischen Empfindens zu umfassen. Einen der Höhepunkte des Abends bildeten die 3 Stücke von Chopin (Ballade Es-Dur, Nocturne e-moll, Scherzo b-moll): Die herrlich flimmernden, nur unvordringlich mit einem leichten Schleier verhüllten Chopinschen Tonkaskaden, die echt empfundene Versenkung in die tiefe polnische Schwermut des Nocturne, der sprühend übermütige, doch immer stilecht elegante Humor im Scherzo – wer spielt ihm das nach? Superlative kann man nicht mehr steigern! Man müsste es, um der Wiedergabe der vier nach der Pause gespielten Stücke von Claude Debussy gerecht werden zu können; oder soll man mehr die unerhörte, doch schon so selbstverständlich erscheinende technische Präzision, die scharf profilierte Formgestaltung in der Sonate Nr.7 von Prokofieff bewundern?
Robert Schumann, der große deutsche Komponist, riet den Rezensenten, vor den Großen der Musik die Degenspitze zu senken und zu salutieren:
Tun wir es! (Allgemeine Zeitung für Württemberg vom 03. Nov. 1955)

In der Folge ist das musikalische Vermächtnis des Pianisten und die unabdingbare Notwendigkeit für die Angehörigen zu erwähnen, alle Einspielungen einschließlich der von Philips nicht mehr angebotenen Musikstücke wie z.B.

- 3 Beethoven-Sonaten –Pathetique, Mondscheinsonate u. Appassionata
- 15 Toccaten aus drei Jahrhunderten,
- Mendelssohn – Lieder ohne Worte
- Chopin, 24 Etüden
- Chopin, 14 Walzer

nach Möglichkeit auf CDs durch Dabringhaus und Grimm herauszubringen.

Igor Maslowski, dessen freundschaftliche Verbindung mit Werner Haas bereits auf S. 3 beschrieben wurde, initiierte die nachfolgenden Einspielungen von Schallplatten – überwiegend aus dem Aufnahmestudio der Philips, Paris:

Claude Debussy
Philips Kassette 6747 181
6 LPs · DM 79
Das gesamte Klavierwerk
Grand prix
de l'académie du disque

Felix Mendelssohn-Bartholdy
Philips Nr. 6500 364
1 LP · DM 25,–
Lieder ohne Worte
Variations sérieuses op. 54
Rondo capriccioso, op. 14
Variationen, op. 83

Maurice Ravel
Philips Doppelalbum 6701 030
2 LPs · DM 25,–
Das gesamte Klavierwerk
für 2 Hände

L. v. Beethoven
Philips Nr. 6537-003
1 LP · DM 14,80
3 Sonaten:
 Appassionata
 Mondschein-Sonate
 Pathetique

Peter S. Tschaikowsky
Philips Kassette 6703 033
3 LPs · DM 49,–
Sämtliche Werke für
Klavier und Orchester.
Orchester der Oper Monte Carlo
Dirigent Eliahu Inbal

15 Toccaten
Philips Nr. 6504 077
1 LP · DM 25,–
Kerll, A. Scarlatti,
B. Scarlatti, Bach,
Paradisi, Schumann,
Alkan, Czerny, Saint-
Seans, Debussy, Ravel,
Prokofieff, Poulenc,
Katschaturian, Sancan.

George Gershwin
Philips Kassette 6747 062
3 LPs · DM 49,–
Berühmte Werke für
Klavier und Orchester
und einige Songs mit Sarah V.
Orchester der Oper Monte Carlo
Dirigenten:
Edo de Waart
Dirigent: Eliahu Inbal

Frederic Chopin
Fontana Nr. 700 163 WGY
1 LP · DM 10,–
Etüden op. 10
und op. 25

Bezugsquelle: Isolde Haas-Sautter, Schallplatten-Raritäten, Werner Haas integral
Klagenfurter Straße 57, 7000 Stuttgart 30, Tel. (07 11) 85 12 95

WERNER HAAS-exklusiv auf Philips-Schallplatten

Maurice Ravel
Philips Nr. 839 755 LY
1 LP · DM 25,– * 1
Edison-Preis
Klavierkonzert G-dur
Klavierkonzert f. d. linke Hand
Orchester der Oper Monte Carlo
Dirigent: Alceo Galliera

Peter J. Tschaikowsky
Philips Nr. 6500 196 * 2
1 LP · DM 25,–
Klavierkonzert Nr. 1 b-moll
Klavierkonzert Nr. 3 es-dur
Orchester der Oper Monte Carlo
Dirigent: Eliahu Inbal

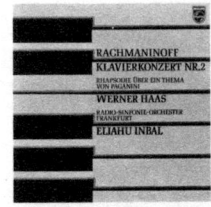

Serge Rachmaninoff
Philips Nr. 6500 920
1 LP · DM 25,–
Klavierkonzert Nr. 2
Rhapsodie über ein Thema
v. Paganini
Radio-Sinfonie-Orchester Frankfurt
Eliahu Inbal

George Gershwin
Philips Nr. 6500 118 * 3
1 LP · DM 25,–
Klavierkonzert in F.
Rhapsodie in blue.
Variationen über »I got Rhytm«
Orchester der Oper Monte Carlo
Dirigent: Edo de Waart

Johannes Brahms
Philips Nr. 6500 705
1 LP · DM 25,–
Klavierquintett op 35
mit Mitgliedern des
Philharmonischen Oktetts Berlin

Claude Debussy
Philips Nr. 6500 173
1 LP · DM 25,–
Sämtliche Werke für
2 Klaviere und vierhändig
mit Noel Lee

Claude Debussy
Philips Nr. 6581 005
1 LP · DM 22,–
Images I, Estampes, Suite
Arabesques, L'isle joyeuse, Reverie

Frederic Chopin
Fontana Spezial Nr. 700 162 WGY
1 LP · DM 10,–
14 Walzer

Maurice Ravel
Philips Nr. 6580 046 * 4
1 LP · DM 22,–
Le Tombeau de Couperin
Gaspard de la nuit, Sonatine
Jeux d' eau, Prelude

auch als Tonbandkassetten (Musi-Cassetten) erhältlich:
* 1 Bestellnummer 18437 CAA DM 25,–
* 2 Bestellnummer 7300 082   DM 25,–
* 3 Bestellnummer 7300 096   DM 25,–
* 4 Bestellnummer 18214 CAA DM 25,–

Sämtliche exklusiv auf Philips-LPs eingespielte Werke (siehe auch li. Seite)

Davon wurden später von Philips folgende CDs herausgebracht:

Einspielungen des Stuttgarter Pianisten
WERNER HAAS
1931 - 1976
Grand Prix du Disque (Debussy Gesamtwerk)
Edison - Preis (Ravel Gesamtwerk)

Debussy Klaviermusik

Ravel

Bestell Nr. **4680532**
"eloquence-Reihe"

Bestell Nr. **4683892**
"eloquence-Reihe"

Preis EURO **5.50**

Preis EURO **5.50**

Debussy Complete Piano Music Volume 1 including Preludes · Images Children's Corner

Bestell-Nr. **4387182**
Doppelkassette

Bestell Nr. **4383532**
Doppelkassette

Preis EURO **22,--**

Preis EURO **22,--**

Ravel Complete Music for Piano Solo Complete Piano Concertos

Debussy Complete Piano Music Volume 2 including Etudes · En blanc et noir Suite Bergamasque

Bestell Nr. **4387212**
Doppelkassette

Bestell Nr. **4624792**
"eloquence-Reihe"

Preis EURO **22,--**

Preis EURO **5.50**

Gershwin

Brahms The Complete Quintets including The Clarinet Quintet The Piano Quintet

Bestell Nr. **4461722**
Doppelkassette

Bestell Nr. **4691392**
Doppelkassette

Preis EURO **22,--**

Preis EURO **22,--**

george gershwin

Tchaikovsky Complete Concertos

Bestell Nr. **4752562**
3er Kassette

Bestell Nr. **4423022**
Doppelkassette

Preis EURO **28,--**

Preis EURO **22,--**

The Best of Mendelssohn including Italian Symphony Violin Concerto A Midsummer Night's Dream

Die Produktionsfirma Dabringhaus + Grimm, Detmold, veröffentlichte:

Hommage a WERNER HAAS
Neues Album mit 6 CDs
Bestell Nr. **64210862**

Preis EURO **49,--**

Mozart
Klavierkonzert
KV 449 und
KV 459

Preis EURO 15,--

Homepage: www.Wernerhaas.com

*Aktuell größtenteils lieferbare CDs – **Bezugsmöglichkeit s. a. letzte Buchseite!***

Zum Zeitpunkt der Veröffentlichung dieser Biographie sind davon in Musikhäusern noch erhältlich: Werke von Debussy, Ravel, Gershwin sowie die gesamten Klavierkonzerte Tschaikowsky in einer 3er-Kassette, zusätzlich natürlich die von Fa. Dabringhaus & Grimm herausgebrachten CDs.

Folgende Rundfunksender besitzen Einspielungen des Pianisten und bringen davon in Klassik-Programmen zumeist auf Anforderungen von Hörern:

RIAS Berlin:

J.S. Bach	- Italienisches Konzert
Robert Schumann	- Kinderscenen op 15

Südfunk Stuttgart (SWR, früher: SDR)

Frederic Chopin	- Nocturne b-moll op 9 Nr. 1
	- Nocturne Es Dur op 9 Nr. 2
	- Nocturne H- Dur op 9 Nr. 3
	- Scherzo h-moll op 20
	- Scherzo b-moll op 31
	- Scherzo cis-moll op 39
	- Ballade As-Dur op 47
	- 14 Walzer
Alexander Skryjabin	- 6 Preludes op 13
	- Etude op 8 b-moll
	- Etude op 42 cic-moll
Dimitri Kabalewski	- 3 Sonaten op 46
Mendelssohn	- Variations serieuses op 54
Milhaud	- Sonate für Flöte, Oboe, Klarinette und Klavier
Mozart	- Klavierkonzert KV 449 Es-Dur *Ltg. Mladen Basic mit dem Rundfunk-Symphonieorchester*
	- Klavierkonzert KV 459 F-Dur *Ltg. Prof. Karl Münchinger mit dem Stuttgarter Kammerorchester*

Sergij Prokofieff	- 4. Sonate op 29
	- 2. Sonate op 14 a-moll
Igor Strawinski	- Sonate 1924
	Gewidmet Prinzessin Edmond de Polignac
Ravel	- Le Tombeau de Couperin
	- Jeux d'eau
	- Prelude, Sonatine
	- Gaspard de la nuit
	- Klavierkonzert G-Dur für die linke Hand
	mit dem Rundfunkorchester
	Ltg. Prof. Hans Müller-Kray
Tschaikowsky	- Konzertfantasie

Südwestrundfunk Baden-Baden über SWR II: (ehemals SWF)

Robert Schumann	- 12 symphonische Etuden op 13
	- Carnaval op 9
J.S. Bach	- Italienisches Konzert

Westdeutscher Rundfunk Köln:

Mozart	- Sonate C-Dur KV 330
Ravel	- Valses nobles et sentimentales
Debussy	- Ballade
	- Nocturne Des-Dur
Chopin	- Scherzo b-moll
	- Nocturne e-moll op 72,1
	- Mazurka fis-moll op 59,3
	- Mazurka cic-moll op 41,1
	- Mazurka cis-moll op 63,3

Berner Rundfunk:

Berner Spätkonzerte vom 3. und 4. November 1969
Original- Mitschnitt mit Werken von Beethoven, Chopin, Ravel, Debussy,
Liszt

Von diesen Sendern wurden die Rechte zur Herstellung von CDs erworben und von Dabringhaus & Grimm, Detmold (info@mdg.de) folgende CDs veröffentlicht:

Kassette mit 6 CD, mit folgenden Werken:

J.S. Bach	- Italienisches Konzert
Beethoven	- Sonate in E-Dur op 109, Sonate in G-Dur op 14,2, Sonate in C-Dur op 2,3, Sonate in F-Dur op 10,2, Sonate in d-moll op 31,2, Sonate in Es-Dur op 31,3,
Robert Schumann	- Fantasiestücke op 12, Kinderscenen op 15 1 - 35, Sinfonische Etüden op 13, I - XII
Frédéric Chopin	- Nocturne op 15,2 Fis-Dur, Etude op 25,6 gis-moll, Etude op 25,9 Ges-Dur, Scherzo op 31 b-moll, Scherzo op 35 b-moll, Scherzo op 39 cis-moll, Scherzo op 20 h-moll, Nocturne op 9,1 b-moll, Nocturne op 9,2 Es-Dur, Nocturne op 9,3 H-Dur, Ballade op 47 As-Dur, Etude op 25,1 As-Dur
Alexander Skrjabin	- 6 Preludes op 13, Etüde op 8 b-moll, Etude op 42 cis Moll
Maurice Ravel	- Sonatine – Modéré, Mouvement de Menuet, Animé
Claude Debussy	- Estampes – Pagodes, La Soirée dans Granade, Jardin sous la pluie
Franz Liszt	- Gnomenreigen
Sergej Prokofiev	- Sonata Nr. 2 op 14 d-moll, Sonata Nr. 4 op 29 c-moll
Dimitri Borisovich Kabalevsky	- Sonata Nr. 3 op 46
Igor Stravinsky	- Sonata 1924

Die Herausgabe dieser Kassette mit 6 CDs fand eine nachhaltige Resonanz in zahlreichen Blättern, s. u.a. die Rezension in der "Neuen Züricher Zeitung" vom 04. Sept. 2002:

...der Mitschnitt des Berner Konzerts vom 04.11.1969 genügt höchsten Anforderungen an ein lebendiges Dokument in der Synthese von Spannung und Selbstentzündung bei höchster gestalterischer Wachsamkeit...

Spannung und Struktur

Erinnerung an den deutschen Pianisten Werner Haas

Vielen älteren Klaviermusikfreunden dürfte die umfangreiche MDG-Archive-Edition mit Einspielungen des Stuttgarter Pianisten Werner Haas eine Genugtuung sein. Zählte der Gieseking-Schüler doch in den sechziger und siebziger Jahren zusammen mit dem damals noch hochvirtuosen Ludwig Hoffmann zur kleinen Elite deutscher Nachkriegspianisten, die sich nicht hinter den anerkannten Klassikern und Romantikern verschanzten, sondern mit gutem Gewissen auch Tschaikowsky, Rachmaninow, Prokofjew, Debussy, Ravel und Liszt in ihren Programmen führten.

Vielleicht mangelte es dem früh begabten Werner Haas an gesellschaftlichem Durchsetzungsvermögen, an jenem Schuss von Glamour, der so manchen Kollegen aus dem Ausland umwehte. Vielleicht befanden sich – im Schatten der Altvorderen Elly Ney, Wilhelm Kempff, Hans Richter-Haaser und Wilhelm Backhaus – die deutschen Nachwuchsvirtuosen allzu sehr in der Defensive des künstlerischen Wiederaufbaus. Fest steht, dass Haas im Auftrag der französischen Philips eine Fülle von erstrangigen Aufnahmen vorlegte, darunter Quasi-Gesamteinspielungen der Klavierwerke von Debussy und Ravel, Klavierkonzerte von Tschaikowsky und Rachmaninow, eine beträchtliche Anzahl von Chopin-Kompositionen und eine phänomenale Toccaten-Sammlung mit selten zu hörenden Autoren wie Kerll, Alkan, Czerny oder Saint-Saëns.

Die hier zusammengetragenen Dokumente ergeben ein·zuverlässiges Bild von der ästhetischen und expressiven Bandbreite eines Interpreten, der sich in seinem Wollen und Können nie treiben liess. Selbst wenn es in der einen oder anderen Situation einmal eng wird – Haas gelingt es immer, die Werkstrukturen gegenwärtig zu halten. Diese Begabung noch in den extremen Momenten einer Chopin-Etüde oder in den Engstellen eines schnellen Beethoven-Satzes (aus op. 109) ist vor allem in den live vermittelten Programmteilen eines Konzerts zu bewundern, das Haas am 4. November 1969 in Bern gegeben hat. Der Mitschnitt stammt aus dem Berner Tonstudio von Schweizer Radio DRS. Er·genügt höchsten Anforderungen an ein lebendiges Dokument in der Synthese von Spannung und Selbstentzündung bei höchster gestalterischer Wachsamkeit. Haas spielte damals die genannte Beethoven-Sonate, Ravels Sonatine, Debussys «Estampes», kleinere Stücke von Chopin und am Ende Liszts «Gnomenreigen».

Die übrigen Aufnahmen stammen aus den Archiven des SWR Stuttgart. Sie bestätigen Haas als markanten, dabei keineswegs rabiaten Prokofjew-Stilisten, als kühlen Schumann-Erzähler und generell als ein Temperament mit starkem Interesse für russische Klaviermusik auch jenseits ausgetretener Pfade (Kabalewsky, Strawinsky).

Peter Cossé

Hommage à Werner Haas – Johann Sebastian Bach: Italienisches Konzert; Ludwig van Beethoven: Sonaten C-Dur op. 2, 3, F-Dur op. 10, 2, G-Dur op. 14, 2, d-Moll op. 31, 2, Es-Dur op. 31, 3 und E-Dur op. 109; Frédéric Chopin: Scherzi h-Moll op. 20, b-Moll op. 31 und cis-Moll op. 39, Ballade As-Dur op. 47 u. a.; Claude Debussy: Estampes; Dmitri Kabalewsky: Sonate Nr. 3 op. 46; Franz Liszt: Gnomenreigen; Sergei Prokofjew: Sonaten Nr. 2 op. 14 und Nr. 4 op. 29; Maurice Ravel: Sonatine; Robert Schumann: Fantasiestücke op. 12, Kinderszenen op. 15, Carnaval op. 9, Sinfonische Etüden op. 13; Alexander Skrjabin: 6 Préludes op. 13 u. a.: Igor Strawinsky: Sonate (1924). MDG 642 1086-2 (6 CD).

Die Versuche, am Ende dieser Biographie die Persönlichkeit des Pianisten umfassend zu beschreiben, sind mir – dem Freund und Vertrauten – nicht zufrieden stellend gelungen.

Hans-Werner Schroeder, selbst Verfasser zahlreicher geisteswissenschaftlicher Bücher und in seiner berufsaktiven Zeit Oberlenker der Christengemeinschaft wie auch Leiter des Priesterseminars in Stuttgart zeigte nun seine enge freundschaftliche Verbundenheit mit der Familie des Pianisten mit folgendem Schlusswort:

Hans Werner Schroeder als Seminarleiter

„In Werner Haas haben wir eine der bedeutendsten Künstlerpersönlichkeiten des vorigen Jahrhunderts vor uns. Er gehört zweifellos zu den größten Pianisten dieser Zeit, was glücklicherweise durch die zahlreichen Einspielungen, die er hinterlassen hat, belegt werden kann.
Obwohl früh verstorben, gehört auch er zu den früh Vollendeten.
Er übte täglich viele Stunden an seinem Instrument, und wenn wir die zahlreichen Konzerte hinzunehmen, die er in seinem Leben gespielt hat, können wir uns leicht erlebbar machen, wie in den Jahrzehnten seines Wirkens die Zeit nicht nur von den großen und kleinen Ereignissen erfüllt war, sondern immer wieder wie ein Klingen im Hintergrund von den Klängen seiner Musik.

Er war ein Star ohne Staralüren. Zurückhaltung und schlichte Mensch-
lichkeit zeichneten ihn als Persönlichkeit aus.
Von seinem köstlichen Humor haben wir hier verschiedentlich gelesen;
auch davon, dass er bei handwerklichen Arbeiten fest zupacken konnte.
Aber nur selten, nur zögerlich öffnet er sich anderen Menschen: zu
seinem sehr stark verinnerlichten Künstlertum gehörte auch diese We-
sensart hinzu.
Trotzdem hatte er einen nicht kleinen Freundeskreis; und wenn Freund-
schaft entstand, so führte sie zu einer unverbrüchlichen Verbundenheit,
die von den Wechselfällen des Lebens unbeeindruckt blieb und treu
fortdauerte.“

Nutzen Sie unsere Bestellkarte: Wünsche markieren, Karte ausschneiden, auf eine ausreichend frankierte Postkarte kleben, Absender und schicken an:

MADE IN STUTTGART Werbeagentur GmbH
Röntgenstr. 2
71229 Leonberg

BESTELLKARTE, WERNER HAAS AUF CD:

- [1] CD Original-Mitschnitt des Berner Spätkonzertes zum Leser-Sonderpreis *(Preis inkl. Porto bei gleichzeitigem Bezug der WH-Biographie)* — € 3,50
- ☐ CD mit Klaviermusik von Claude Debussy — € 6,00
- ☐ CD mit Klavierkonzerten von Maurice Ravel — € 6,00
- ☐ CD mit Klavierkonzert Nr. 2 und Prélude von George Gershwin — € 6,00
- ☐ CD mit Variationen zu I got Rythm und 2 Rhapsodien (2 CD) — € 15,00
- ☐ CD mit kompl. Klavierkonzerten von Tschaikowsky (3 CD) — € 25,00
- ☐ CD mit 2 Klavierkonzerten von Mozart KV 449 und KV 459 — € 15,00
- ☐ CD – Album mit Werken von Bach, Beethoven, Chopin, Schumann, Debussy, Ravel, Skrjabin, Liszt, Kabalewsky, Prokofiev, Stravinsky (6 CD) — € 38,00

Vormerkung für mögliche, spätere Neuerscheinungen:

- ☐ CD mit 14 Chopin-Walzern — € 5,50
- ☐ CD mit 24 Chopin – Etüden — € 5,50
- ☐ CD mit Nocturne Scherzo und Ballade von Chopin — € 5,50
- ☐ CD mit 15 Toccaten aus 3 Jahrhunderten — € 5,50
- ☐ CD mit Lieder ohne Worte, Variationen und Rondo von F. Mendelssohn — € 5,50
- ☐ CD mit Mondscheinsonate, Pathetique und Appassionata von L. v. Beethoven — € 5,50

(Alle Preise inkl. 19 % MWST., zuzügl. Porto)